Ute Blessing

111 Orte im Remstal, die man gesehen haben muss

111

emons:

Bibliografische Information der Deutschen Nationalbibliothek
Die Deutsche Nationalbibliothek verzeichnet diese Publikation in der Deutschen Nationalbibliografie; detaillierte bibliografische Daten sind im Internet über http://dnb.d-nb.de abrufbar.

MIX
Papier aus verantwortungsvollen Quellen
FSC® C083411

Layout: Eva Kraskes, nach einem Konzept
von Lübbeke | Naumann | Thoben
Kartografie: altancicek.design, www.altancicek.de
Kartenbasisinformationen aus Openstreetmap,
© OpenStreetMap-Mitwirkende, ODbL
Druck und Bindung: CPI – Clausen & Bosse, Leck
Printed in Germany 2021
Erstausgabe 2019
ISBN 978-3-7408-1356-7
Aktualisierte Neuauflage Mai 2021

Vorwort

Von Essingen auf der Schwäbischen Alb bis hin zur Neckarmündung bei Remseck wächst die Rems vom kleinen Quellfluss zum bedeutenden Nebenfluss des Neckars. Gesäumt vom Schurwald im Süden und dem Naturpark Schwäbisch-Fränkischer Wald im Norden fließt die Rems durch ausgedehnte Weinberge und Streuobstwiesen. Ab Waiblingen wird das Remstal dann noch einmal eng und ursprünglich. Tief hat sich hier der Fluss in den Muschelkalk eingeschnitten und ein enges, schlingenreiches Tal geschaffen, das in Neckarrems in das Neckartal übergeht.

Entlang des Remstals liegen geschichts- und kulturträchtige Städte und Orte. Die Römer haben ihre Spuren hinterlassen. Ob sie es waren, die den Wein hierherbrachten, oder Mönche, weiß man nicht genau. Heute ist die Gegend bekannt für ihre hochwertigen, ausgezeichneten Weine, in gemütlichen Gewölbekellern kann man sie bei einem Viertele genießen. Aus dem Obst der zahlreichen Streuobstwiesen brennen kleine Destillerien edle Brände.

Aber im Remstal liegt auch die Wiege Württembergs und der Staufer. Schwäbische Tüftler, Erfinder und Künstler haben die Region geprägt, unter ihnen Gottlieb Daimler, Andreas Stihl, Friedrich Silcher. Auf mehreren Skulpturenpfaden durch Weinberge und Ortschaften trifft Kunst auf Natur.

Im Tal kann man auf dem »Remstal-Radweg« vom Remsursprung bis zur Mündung fahren, der »RemstalWeg« führt rechts und links über die Höhenzüge. Immer wieder bietet er herrliche Ausblicke auf das Tal mit seinen hübschen Fachwerkstädtchen mit den verwinkelten Gassen, im Frühjahr umgeben von dem weiß-rosa Blütenmeer der Kirsch- und Apfelbäume. Im Herbst verwandeln die verschiedenen Rebsorten die Weinberge in einen gelb-orange-rotbraunen Flickenteppich.

Durch die Remstal-Gartenschau 2019 entstanden entlang der Rems zahlreiche neue Natur- und Kulturprojekte. Es gibt also vieles zu entdecken im Remstal. 111 Orte – und noch viel mehr.

111 Orte

Freiheit für Mögglingen
B 29 raus

1 Der Remsursprung

Wo alles begann

Die Remsquelle, die etwa drei Kilometer südwestlich von Essingen auf 551,4 Meter ü. NN liegt, ist ein wenig unscheinbar. Und doch ist sie einen Besuch wert. Nicht zuletzt, weil das Wasser aus dieser Quelle, dieses kleine Rinnsal, einst ein ganzes Tal schuf, in dem seit der Steinzeit Menschen siedeln. Sie haben die Gegend zu dem Kultur- und Landschaftsraum gemacht, den wir heute hier vorfinden.

Die Rems entspringt einer kleinen Öffnung im engen, fast schlauchartigen Talgrund am Fuße der Lauterburger Höhen zwischen Essingen und Lauterburg. Auf ihrer fast 80 Kilometer langen Reise wächst sie zu einem stattlichen Fluss an, der schließlich bei Neckarrems in den Neckar mündet. Die kleine, eingefasste Quelle, ein Schild, ein paar Bänke, eine Holzbrücke und ein Stein, der eine Remsnixe zeigt, die einen Fisch in den Händen hält. Mehr gibt es bislang nicht zu sehen. Damit sich dies ändert und die Rems einen neuen, ihrer Bedeutung angemessenen Auftakt bekommt, hat das Architekturbüro harris + kurrle aus Stuttgart im Rahmen des Projektes »16 Stationen« für die Remstal-Gartenschau 2019 eine Landmarke entworfen. Das Bauwerk, das an eine Brücke, ein Tor, eine Aussichtsplattform oder einfach eine begehbare Mauer erinnern soll, überbrückt beim Steinbruch die Höhendifferenz zwischen Straße und dem Hohlweg, der den Beginn des Remstalweges darstellt. Der Wanderweg hat eine Länge von 220 Kilometern. Kommt man von der Quelle, wirkt das Bauwerk wie eine markante Treppe, die auf den Remstalweg führt. Aus der anderen Richtung betritt man, wenn man den Wald verlässt, eine Plattform, von der aus man einen schönen Blick auf die Quelle hat. Auch die Gemeinde Essingen nahm die Remstal-Gartenschau als Anlass, den Remsursprung aufzuwerten. Findlinge als sogenannte »Quellwächter« und Sitzbänke aus Baumstämmen laden nun zum Verweilen ein.

Adresse an der L 1165 zwischen 73457 Essingen und Lauterburg | **Anfahrt** B 29 bis Essingen, L 1165 Richtung Lauterburg, Abzweigung zum Skizentrum Hirtenteich | **Tipp** Die Skilifte Remslift und Hirtenteich im Skizentrum Hirtenteich wirken im Sommer wie verlassene Orte. Frische Forellen gibt es ganz in der Nähe an der L 1165 in der Forellenzucht Remsquelle (www.forellenzucht-remsquelle.de, geöffnet Mi–Fr 14–17 Uhr, Sa 10–17 Uhr, So, Feiertag 10–13 Uhr).

2 Die Essinger Schlösser

Auf den Spuren der Herren von Woellwarth

An einem Sonntag wirkt sie ein wenig verschlafen, die rund 6.400 Einwohner zählende Gemeinde am oberen Ende des Remstals. Gleich drei Schlösser soll es geben, hier am Albtrauf, wo der Höhenzug der Schwäbischen Alb steil ins Remstal abfällt.

Auf der Suche nach den Schlössern stößt man unweigerlich immer wieder auf den Namen »von Woellwarth«, ein süddeutsches Adelsgeschlecht. Die Freiherren von Woellwarth stiegen 1363 durch Georg von Woellwarth auf. Dieser kaufte 1405 »Schneggenroden, Burg und Burgstall mit Leuten und Gütern«, das heutige Schlossgut Hohenroden, das vermutlich bereits 1293 von Ernfried von Roden gebaut wurde. Die Anlage besteht aus mehreren Gebäuden um einen Innenhof, einem Rund- und einem Torturm und liegt ein wenig außerhalb von Essingen an der Straße nach Lautern. Sie ist nach wie vor im Besitz der Linie der Woellwarth-Lauterburg, die das Schlossgut als anerkannten Biolandbetrieb mit Angus-Rindern und Dunroc-Landschweinen bewirtschaften.

Hinter den Mauern des gelben Renaissanceschlosses in der Rittergasse 6 befindet sich heute ein Handels- und Turnierstall für Sportpferde. Auch der Dorotheenhof, früher auch Margarethenhof oder Oberburg genannt, befand sich einst im Besitz der Freiherren von Woellwarth. Er wurde 1696 erstmals urkundlich erwähnt, ist aber vermutlich wesentlich älter.

Das dritte Herrschaftshaus im Bund ist das Schloss Essingen, das um 1555 durch Hans Konrad von Woellwarth-Lauterburg in der Ortsmitte erbaut wurde. Das Woellwarth'sche Schloss befindet sich in Privatbesitz, der angrenzende Schlosspark mit seinem schönen Baumbestand ist als Stadtpark aber frei zugänglich und lädt zum Spazieren und Verweilen ein. Am Park steht noch die ehemalige Schloss-Scheune. Sie wurde umgebaut und durch einen modernen Anbau erweitert. Heute finden hier kulturelle Veranstaltungen statt.

Adresse an der Straße nach Lautern, Rittergasse 6 und an der Hauptstraße in 73457 Essingen | ÖPNV R2 bis Bahnhof Aalen, von hier Bus (OVN) 48, Haltestelle Essingen Schlosspark | Anfahrt B 29 bis Essingen | Öffnungszeiten nur von außen zu besichtigen | Tipp Fleisch- und Wurstwaren aus eigener Herstellung gibt es im Hofladen von Schlossgut Hohenroden (Fr 14 – 17 Uhr und nach Vereinbarung), kulturelle Veranstaltungen in der Schloss-Scheune (www.kultur-im-park.info). Von Essingen aus sind es nur sechs Kilometer zu den Moorseen im Naturschutzgebiet Weiherwiesen.

3_Die Burgruine Lauterburg

Eine Ruine im Dornröschenschlaf

Es ist der 6. Mai 1732, als es heftig an das Tor der Burg Lauterburg pocht. Drinnen steht die Burgfrau am offenen Herd, bei ihr ist ihr Liebhaber. Draußen ihr Ehemann – oder der Tod? Der Liebhaber macht sich aus dem Staub. Für die Burgherrin ist es zu spät, die Flammen züngeln aus dem Herd, sie büßt den Ehebruch mit dem Tod. Das ganze Schloss geht in Flammen auf und mit ihm seine mehr als 600 Jahre währende Geschichte. So erzählt der Stuttgarter Dichter Gustav Schwab in seiner »Sage von Schloß Lauterburg«. Ob das Feuer tatsächlich mit der Romanze der Schlossherrin zusammenhängt, ist geschichtlich nicht nachgewiesen. Tatsache ist, dass 1732 alle Gebäude im inneren Schlosshof niederbrannten.

Gebaut wurde die Burg 1125 von Pfalzgraf Mangold III. aus dem Geschlecht der Grafen von Dillingen-Donauwörth. Sein Nachfolger starb kinderlos, sodass die Anlage an die Herzöge von Hohenstaufen überging. Die Burg wurde mehrmals weiterverkauft, bis sie 1405 in den Besitz von Georg von Woellwarth kommt. Die Woellwarths zogen von Heubach nach Lauterburg und bauten die Burg in den Folgejahren um. Sie ergänzten einen äußeren Torbogen, ersetzten den alten Palas durch einen lang gestreckten, dreigeschossigen Neubau im Renaissancestil und bauten auch gleich eine neue Schlosskirche. Auf der anderen Seite des Hofes befanden sich ein Gebäudetrakt für die Dienerschaft und Pferdestallungen sowie ein Ziehbrunnen bis zur Quelle unter dem Bergvorsprung.

Wer heute durch den inneren Torbogen tritt, findet sich in einer verwunschenen Welt wieder. Einige hoch aufragende Pfeiler, Wände und Fensterhöhlen haben den Brand überstanden und scheinen seitdem in einen Dornröschenschlaf gefallen zu sein. Efeu und Moose überwuchern die alten Steine. Ein schmaler Trampelpfad führt außerhalb des ersten Torbogens links um den Bergsporn mit der Quelle, die Burg ist schemenhaft durch das dichte Laub zu erkennen.

Adresse Bäckergasse 18, 73457 Essingen | **ÖPNV** R 2 bis Bahnhof Aalen, Bus (OVA) 48 (Mo–Sa), Haltestelle Lauterburg-Kirche | **Anfahrt** B 29 bis Mögglingen, von dort entweder via Lautern oder Essingen nach Lauterburg, parken vor der Schlosskirche | **Öffnungszeiten** in Privatbesitz, das Betreten der Ruinen ist verboten | **Tipp** Die Burg liegt direkt an dem 19 Kilometer langen Rundwanderweg »Zum Rosenstein«, der an mehreren Höhlen vorbei zur Ruine der Burg Rosenstein führt.

4 Die Verkehrsader B 29

Freiheit für Mögglingen

Der Weg durch das Remstal war seit jeher eine wichtige Verbindung. Die Römer bauten den Limes, um diesen Verkehrsweg zu schützen, die Staufer-Kaiser bevorzugten den Ritt entlang des Höhenzuges auf dem Kaisersträßle. Im 18. Jahrhundert wurde im Tal die württembergische »Staatsstraße Nr. 36« von Stuttgart nach Aalen und weiter bis Nördlingen gebaut. Mit 90 Kilometer Länge war sie damals die zweitlängste Staatsstraße des Königreiches. 1932 wurde für die Straßen in Deutschland ein einheitliches Nummerierungssystem eingeführt. Die Strecke zwischen Waiblingen und Nördlingen wurde zur »Fernverkehrsstraße 29« (RVS 29), während des Dritten Reiches zur »Reichsstraße 29« (R 29). Später war sogar der Ausbau zur »Bundesautobahn 87« geplant. Dieser Plan wurde nach der Deutschen Einheit aus Kostengründen verworfen.

Die 29 ist geblieben, der Verkehr nahm weiter zu. Pendler und Lkws schoben sich durch die Ortschaften. Seit den 70er Jahren wurde die B 29 nach und nach vierspurig ausgebaut, Ortschaften umfahren. Bis auf Mögglingen. Dort schoben sich weiter täglich über 30.000 Fahrzeuge mitten durch den Ort, an Werktagen folgte Lastwagen auf Lastwagen. Die B 29 verbindet als eine der wichtigsten Verkehrsadern Ostwürttembergs den Mittleren Neckarraum mit der Ostalb und der Autobahn. Seit den 50er Jahren kämpften die Bürger für eine Ortsumgehung und stemmten sich mit Kunstobjekten gegen die Tristesse des Verkehrs. Eine Freiheitsstatue symbolisierte die Hoffnung der Mögglinger Bürger auf eine Befreiung von dem Verkehr.

Und sie hatten Erfolg: 2001 wurde ein Planfeststellungsbeschluss für die Umfahrung vorgelegt. Da dieser jedoch nach zehn Jahren verfällt, wurde 2010 mit dem Bau einer kleinen Feldwegbrücke über die Rems der offizielle Baubeginn gefeiert. Es dauerte weitere neun Jahre, bis – pünktlich zur Gartenschau – 2019 endlich die Ortsumgehung fertiggestellt wurde.

Adresse B 29 Mögglingen, Ortsmitte | **Anfahrt** B 29 | **Tipp** Vor dem Rathaus steht ein schönes, historisches Ortsschild, eine sogenannte württembergische Oberamts- oder Truppenleittafel, die einst den Weg der Truppen nach Aalen, Gmünd und Heuchingen wies. Entlang der B 29 stehen sie noch: die Notrufsäulen, die auf Initiative der Björn-Steiger-Stiftung aus Winnenden entlang vieler Bundes-, Landes- und Kreisstraßen zur Verbesserung der Notfallhilfe aufgestellt wurden.

5 Der Duftrosengarten

Klein, aber fein: die Mögglinger Gärten

Die meisten Remstäler werden Mögglingen vor allem als Engstelle auf der B 29 kennen, vor der sich lange Zeit der Verkehr staute und sich dann mühsam mitten durch den Ort zwängte. Biegt man dagegen einmal von der Durchfahrtsstraße nach rechts oder links ab, wird man lauschige und schöne Plätzchen entdecken. Zum Beispiel den Duftrosengarten in der Bahnhofstraße. Hier haben mit Unterstützung des Bauhofs ein knappes Dutzend Ehrenamtliche ein kleines Paradies geschaffen. Blickachsen und Kunstobjekte geben dem Garten einen Rahmen, im Mittelpunkt stehen jedoch die wunderbar duftenden Rosen mit so prominent klingenden Namen wie »Santana«, »William Shakespeare«, »Anastasia«, »Gebrüder Grimm« und »Lady Like«. Im Rosengarten in Mögglingen wurden ausschließlich Duftrosen gepflanzt. Damit hebt er sich von anderen Rosengärten »riechbar« ab.

Rosen sind schon seit über 4.000 Jahren beliebte Gartenpflanzen. Die Römer bauten sie vor allem zur Gewinnung von Blüten- und Duftölen an, Kelten und Germanen nutzten besonders die Hagebutten der hier heimischen Wildrosen. Die Rosenzucht entwickelte sich im 16. und 17. Jahrhundert, als fremde Arten aus Afrika, China und Persien nach Mitteleuropa kamen. Kaiserin Joséphine, die Frau Napoleons, ließ den ersten bekannten Rosengarten anlegen. Das älteste noch bestehende Rosarium ist die Roseraie du Val-de-Marne in L'Haÿ-les-Roses südlich von Paris. Die größte Rosensammlung der Welt ist in Sangerhausen zu bewundern. Mit solchen Superlativen kann und muss sich Mögglingen nicht messen. Es sind oftmals die kleinen Oasen, die es zu entdecken lohnt.

Und kleine Oasen gibt es in Mögglingen gleich mehrere: Auch gegenüber in »Neumaier's Garten« blühen zahlreiche Stauden. Neben dem Rosengarten entsteht eine kleine Baumschule und am Marktplatz ein Steingarten, der fast ausschließlich mit Ablegern aus Mögglinger Gärten bepflanzt wurde.

Adresse Bahnhofstraße, 73563 Mögglingen | ÖPNV R 2 Richtung Aalen bis Bahnhof Mögglingen | Anfahrt B 29, Ausfahrt Mögglingen, über die Hauptstraße bis zur Bahnhofstraße | Öffnungszeiten jederzeit zugänglich | Tipp Lust auf noch mehr Blumen? Besuchen Sie doch das »s'Blümle«, ein Blumenfachgeschäft kombiniert mit dem gemütlichen Café »Peter's Peter« (Am Markt 26, www.s-bluemle-cafe.de, geöffnet Di – Fr 8.30 – 12.30 und 14 – 18 Uhr, Sa 8.30 – 12.30 Uhr).

6 Der verschmähte Marienaltar

Steinbildhauerarbeiten von Otto-Herbert Hajek

Es muss nicht immer Gold und Edelholz sein. So modern die Kirche von außen, so modern ist sie auch von innen: Der lichtdurchflutete Raum der Pfarrkirche St. Petrus und Paulus in Mögglingen ist in schlichtem Weiß gehalten. Struktur geben ihm drei weiße, frei stehende Wände im Altarraum, die den Blick auf den Stein des Anstoßes lenken: Altar, Ambo, Taufstein und die Christusfigur, allesamt schlichte Skulpturen aus Tengener Muschelkalk, aus dessen Oberfläche die figuralen Reliefs herausgemeißelt sind.

Diese Steinbildhauerarbeiten stammen von Professor Otto Herbert Hajek aus Stuttgart. Otto Herbert Hajek, 1927 im böhmischen Kaltenbach geboren, war einer der bedeutendsten deutschen Bildhauer des 20. Jahrhunderts und Wegbereiter moderner Kunst im öffentlichen Raum. Bekannt wurde er mit seinen großen grellbunten Skulpturen und Fassaden-Gestaltungen. Diese haben nicht nur Freunde.

Grellbunt sind die Steinskulpturen in der Pfarrkirche St. Petrus und Paulus nicht – und doch haben auch sie zunächst die Gemeindemitglieder, sagen wir: irritiert. Altar, Ambo, Tabernakel und Taufstein durften bleiben, aber der Marienalter wurde abgelehnt. Vor allem die doch sehr moderne Darstellung der Madonna erregte Anstoß. Otto Herbert Hajek holte den Altar daraufhin wieder ab und baute ihn in seinem Garten auf. Erst nach seinem Tod 2005 fand in Mögglingen ein Umdenken statt, und die Kirchengemeinde bat darum, den Marienaltar wieder in der Kirche aufzustellen, für die er einst geschaffen wurde. Seit 2010 steht er nun links im Eingangsbereich.

Im Zentrum der vier Szenen sitzt Maria, die durch den segnenden Christus auf ihrem Arm zur Himmels- und Erdenkönigin wird. Auch der auferstehende Christus, der ursprünglich für eine Kirche im Stuttgarter Raum vorgesehen war, hat seit 2010 seinen Platz in der Pfarrkirche Sankt Petrus und Paulus gefunden.

Adresse Kirchplatz 1, 73563 Mögglingen | ÖPNV R 2 bis Bahnhof Mögglingen, von dort circa 7 Minuten zu Fuß | Anfahrt B 29 bis Ausfahrt Mögglingen, über die Hauptstraße und Kirchstraße zum Kirchplatz | Tipp Gleich nebenan wird in der Pfarrscheuer und im »Micheleshaus« eine heimatkundliche Sammlung gezeigt (geöffnet an den Mögglinger Markt- und Aktionstagen).

7 Die Beiswanger Kapelle

Raub des Kirchenschatzes auf windiger Höh'

Auf einer windigen Anhöhe zwischen Böbingen und Schwäbisch Gmünd liegt eine kleine spätbarocke Kapelle, die um das Jahr 1680 von dem Beiswanger Bauern Georg Steeb und seiner Ehefrau Anna Maria Mayerin erbaut wurde. Sagen und Legenden ranken sich um das kleine Gotteshaus, das seit mindestens 1711 als Marienwallfahrtsort bekannt und beliebt ist.

Eine Legende dreht sich um den Namen Beiswang: Die Tochter des Staufer-Kaisers Friedrich II. war mit Albrecht von Thüringen verheiratet, der seine Frau angeblich aus dem Weg räumen wollte. Sie floh – musste jedoch ihre beiden kleinen Söhne zurücklassen. Zum Abschied biss sie dem älteren in die Wange, um an ihr Schicksal zu erinnern. Als dies in ihrer alten Heimat bekannt wurde, nannte man das Kirchlein Beiswang. So steht es in einem Gedicht von Georg Luz geschrieben, dem Heubacher Lehrer und Schriftsteller.

Viel wahrscheinlicher ist jedoch, dass der Name auf die windige Anhöhe zurückzuführen ist. »Wang« stand für Wiese am Hang oder Feld, »bisen« bedeutete so viel wie heftig blasen, toben. Die Gegend wurde also als »windiges Feld« bezeichnet. Auch der benachbarte »Windhof« legt diese Auslegung nahe. Weit reicht von hier oben der Blick ins Land: auf die drei Kaiserberge Rechberg, Stuifen und Hohenstaufen im Südwesten und auf den Rosenstein im Südosten.

Auf dem Rosenstein lebten einst die Ritter von Heubach. Einer Sage nach, die der schwäbische Dichter Gustav Schwab in seiner Ballade über die Beiswanger Kapelle verewigte, zogen die Ritter vom Rosenstein bei schönem Wetter aus, um die Kapelle auszurauben. Da wurden sie von Gottes Blitz getroffen und ihre Leichname vom Regenguss in die Rems gespült. Die Schätze der Kapelle – eine Pieta und eine Madonna aus dem 15. Jahrhundert – wurden in den 1970er Jahren tatsächlich gestohlen. So wurde aus fiktiver Dichtung am Ende traurige Wahrheit.

Adresse Beiswanger Weg, 73560 Böbingen | **ÖPNV** R 2 bis Bahnhof Böbingen, von dort circa 1,3 Kilometer zu Fuß | **Anfahrt** B 29 bis Böbingen, über Rosensteinstraße und Hauptstraße bis zum Beiswanger Weg; alternativ: von Schwäbisch Gmünd über Hussenhofen, Hirschmühle, Zimmern | **Tipp** Die Beiswanger Kapelle ist die letzte von insgesamt 25 Stationen auf einem historischen Rundgang durch Böbingens Geschichte. Eine weitere hübsche, kleine Kapelle ist die Barnberg-Kapelle in Mögglingen.

8 Das Römerkastell

Buntes Treiben am Limes

Im Jahr 150 n. Chr. war in Böbingen mächtig was los: 500 römische Soldaten waren hier stationiert, eine ganze Kohorte. Der römische Kaiser Antonius Pius hatte das Gebiet des heutigen Böbingen dem römischen Weltreich einverleibt, es gehörte nun zur Provinz Rätien. Die Soldaten bauten auf dem Bürgle, einem Bergvorsprung über der Rems, ein Kastell. Die Lage war strategisch sehr günstig. Von hier aus konnten sie einen 15 Kilometer langen Limesabschnitt mit 20 Wachtürmen kontrollieren und das Römische Reich gegen die »Barbaren«, also die wilden Remstäler (Germanen), verteidigen. Neben Wachdienst und Kontrolle der Grenzübergänge gehörten der Aufbau und die Instandsetzung der Limesanlagen zu ihren Aufgaben. Mit einer Gesamtlänge von 550 Kilometern erstreckte sich der Obergermanisch-Rätische Limes vom Rhein nördlich von Koblenz bis an die Donau westlich von Regensburg.

Beim Kastell entstand auch eine Zivilsiedlung, Vicus genannt. Hier wohnten die Angehörigen der Soldaten, Händler, Handwerker und Gastwirte, zwischen 500 bis 1.000 Menschen – eine multikulturelle Gesellschaft. Das Waren- und Dienstleistungsangebot richtete sich nach der Nachfrage der finanziell gut ausgestatteten Soldaten, ein profitables Geschäft. Schnittstelle zwischen den Soldaten und den Zivilisten war der regelmäßig vor dem Haupttor des Kastells stattfindende Markt, ein Umschlagplatz von Waren aus dem provinziellen Hinterland des Limes und Germanien. Zu der Siedlung gehörten auch ein Kastellbad, ein kleiner Tempel und eine Straßenstation für Händler und Reisende, die auf der viel befahrenen Römerstraße zwischen Straßburg oder Cannstatt nach Regensburg unterwegs waren.

Diese Militärsiedlungen glichen einem in sich geschlossenen gesellschaftlichen Mikrokosmos und waren wichtiger Träger der römischen Kulturverbreitung, aber auch ein wichtiger Rekrutierungspool der Armee.

Adresse Bürglestraße, 73560 Böbingen an der Rems | ÖPNV R 2 bis Bahnhof Böbingen, von dort circa 1,3 Kilometer zu Fuß | Anfahrt B 29 bis Böbingen, über Rosensteinstraße und Römerstraße bis zur Bürglestraße | Tipp Am Römerkastell startet ein Limesrundwanderweg, der zu dem etwa drei Kilometer langen Teilstück des Limes führt, der hier auf der Nordseite des Remstals das Gebiet der Gemeinde Böbingen durchzieht. Auch in Mögglingen gibt es einen Limes-Weg.

9 Die Felsenkapelle

Auf dem Kreuzweg zur St. Salvator Kapelle

Sie ist ein magischer und friedlicher Ort, selbst für Menschen, die mit Glaube und Religion wenig anfangen können: die kleine Felsenkapelle, die einfach aus dem Stein des Nepperbergs gemeißelt scheint. Dabei ist die Höhle wesentlich älter als die Kapelle darin.

1483 besichtigte der Dominikanermönch Felix Fabri die Jakobshöhle in Jerusalem. Sie erinnerte ihn an die ganz ähnliche, jedoch kleinere Andachtsstätte im Nepperberg in Gmünd. Auch der Priester Heinrich Pfeningmann erlag dem Charme des Ortes. Er hinterließ am 12. April 1616 zur »Reparierung« der Höhle 200 Gulden, mit denen im folgenden Jahr der Bildhauer und Kirchenbaumeister Caspar Vogt die vorhandenen Höhlen zu einer Unter- und einer Oberkapelle ausbaute.

Zur Kapelle führt ein Kreuzweg mit traditionellen Bildstöcken, die ebenfalls Caspar Vogt fertigte. Dazwischen wurden später kleine Kapellenhäuschen mit Kuppeldach ergänzt, in denen lebensgroße Figuren den Lebens- und Leidensweg Christi veranschaulichen. In Serpentinen geht es steil den Berg hinauf. Oben angekommen, bietet sich ein herrlicher Blick über die alte Stauferstadt und bei guter Sicht bis zur Schwäbischen Alb und den drei Kaiserbergen. Dann lohnt es sich, die kleine Ansammlung an Gebäuden zu erkunden.

In der oberen Kapelle hat Caspar Vogt den Ölberg aus dem Fels gehauen. 1654 wurde eine Vorhalle ergänzt und anstatt des kleinen Glockentürmchens der heutige achteckige Glockenturm mit Zwiebeldach errichtet, der von weit unten in der Stadt zu sehen ist. Die Untere Kapelle mit einer ebenfalls aus dem Felsen gehauenen Kreuzigungsgruppe war das eigentliche Ziel der Pilger.

Zu dem Ensemble gehören das Mesnerhaus aus dem Jahr 1622, das barocke Kaplaneihaus von 1770 und zwei weitere Kapellen, von denen eine, die Muschelkapelle, innen mit Kiesmörtel, Muscheln und Schnecken überzogen ist. Kein Wunder, dass dieser Ort schon früh Pilger angezogen hat.

Adresse St. Salvator, 73525 Schwäbisch Gmünd | ÖPNV IC oder RE bis Bahnhof Schwäbisch Gmünd | Anfahrt B 29 Ausfahrt Schwäbisch Gmünd, parken am Bahnhof, der Kreuzweg beginnt gleich hinter dem Bahnhof | Öffnungszeiten tagsüber | Tipp An den Wochenenden im Sommer hat die Salvatorklause geöffnet (Sa 13–20 Uhr, So 11–20 Uhr, wenn die weiße Fahne gehisst ist). Dort kann man draußen wie drinnen gemütlich sitzen und den Blick über Schwäbisch Gmünd genießen.

10_Der Fünfknopfturm

Ein Stadtturm und seine Brüder

Sechs Türme gibt es noch in Schwäbisch Gmünd – wenn man den Johannisturm und den Glockenturm hinzuzählt, sogar acht. Einst besaß der äußere Befestigungsring um die alte Reichsstadt insgesamt 24 Türme und Halbtürme. Im 19. Jahrhundert wurde der Mauerring jedoch bis auf wenige Reste abgebrochen. Sechs Türme blieben stehen.

Der ungewöhnlichste ist sicher der 27 Meter hohe Fünfknopfturm. Er hat als einziger einen fünfeckigen Grundriss, und auf seinem Dach sitzen vier weitere kleine Türme, von den Einheimischen »Knöpfle« genannt. Bis 1918 wohnten in dem im 15. Jahrhundert erbauten Steinquaderbau noch Turm- und Brandwächter, danach bis Anfang 2004 eine Gruppe Studenten. Heute dient er als Aussichtsturm.

Wandert man im Uhrzeigersinn um die Altstadt, so trifft man als Nächstes auf den Faulturm, der 1968 völlig ausbrannte und danach wieder neu aufgebaut wurde. Seine heutige Form stammt aus dem 15. Jahrhundert, eine genaue Datierung ist aber schwierig, da er häufig den Namen wechselte, so hieß er mal Biechelensturm, mal Jungfernturm, mal Hahnenturm …

Im Nordosten der Altstadt stehen noch Reste der äußeren Stadtmauer, die vor 1350 errichtet wurde. Hier befinden sich drei Türme, die sich vom Baustil her sehr ähnlich sind: der Schmiedturm, der Wasserturm und der Rinderbacher Torturm. Erbaut wurden sie als viergeschossige Schalentürme mit einer Toröffnung und Holzverschlägen in den oberen Stockwerken. Während der Belagerung von 1546 wurden sie durch Kanonenkugeln schwer beschädigt. Die hellen Steine in den Fassaden, mit denen die Schäden ausgebessert wurden, erinnern daran. Anstelle einer Straße floss bei dem Wasserturm der Höferlesbach durch die Bogenöffnung.

Der Letzte im Bunde ist der Königsturm, ein halbrunder Schalenturm. Mit seinen fast 40 Meter Höhe diente er als Hochwacht im Mauerring. Im Keller befand sich ein Verlies.

Adresse Pfeifergässle, 73525 Schwäbisch Gmünd, am Stadtpark | **ÖPNV** IC oder RE bis Bahnhof Schwäbisch Gmünd, von dort circa 5 Minuten zu Fuß | **Anfahrt** B 29 Ausfahrt Schwäbisch Gmünd, parken am Bahnhof | **Öffnungszeiten** Fünfkopfturm: im Rahmen einer Führung zu besichtigen, Königsturm: Mai–Sept. So und feiertags 13.30–16 Uhr | **Tipp** Der Turm der Johanniskirche am Johannisplatz gilt als der eindrucksvollste romanische Turm in Württemberg. Auch er kann seit 2007 bestiegen werden.

11 Das Kastellbad

Römische Badekultur im alten Germanien

Auskleideraum, Massageraum, Schwitzraum und Warmwasserwanne … nein, wir befinden uns nicht im Saunabereich des Bud Spencer Bades. Vor uns markieren Mauerreste die Umrisse eines ehemaligen römischen Bades.

Im Bereich einer hölzernen Vorhalle, in der man sich mit sportlichen Übungen aufwärmte, lag der Haupteingang. Vom Auskleideraum aus gingen die Badegäste zunächst in den Kaltbaderaum mit der halbrunden Kaltwasserwanne, um sich zu reinigen. In dem Warmbaderaum mit einer Temperatur von 20 bis 25 Grad gab es Bänke und ein Wasserbecken. Daneben lagen ein beheizter Massageraum und ein Schwitzraum. Die heißeste Zone wurde im Süden erreicht. Eine zentrale Heizstelle im Keller erwärmte den Unterboden und die Wände. Wegen dieser »Fußbodenheizung« trugen die Besucher meist Holzschuhe, um sich nicht die Füße zu verbrennen. Den Abschluss des Bades bildete wieder das Kaltbad. Mit dieser Anordnung ist es ein typisches Reihenbad.

Hygiene spielte im Römischen Reich eine große Rolle. So legten die Römer auch bei ihren Kastellen in den Provinzen Bäder an. Das Bad am Schirenhof entstand mit dem Kastell um die Mitte des 2. Jahrhunderts n. Chr. Das Frischwasser wurde am Hang oberhalb des Bades gefasst, in Klärbehältern gesammelt und von dort über Rohrleitungen im Gebäude verteilt.

Vom Kastellbad Schirenhof führt ein fünf Kilometer langer Rundwanderweg bis in das Rotenbachtal auf der anderen Talseite. Hier, am westlichen Stadtrand von Schwäbisch Gmünd, wurde die Grenze zwischen den beiden römischen Provinzen Obergermanien und Rätien von ungewöhnlich dicht platzierten Kastellanlagen gesichert. Zahlreiche Tafeln informieren über das römische Alltagsleben des westlichsten Truppenstandortes der Provinz Rätien. Neben dem Kastellbad gibt es ein Lagerdorf, einen Friedhof, eine rätische Mauer, Wallanlagen und eine rekonstruierte Holzpalisade zu entdecken.

Adresse Am Schirenhof, 73525 Schwäbisch Gmünd | **ÖPNV** vom Bahnhof Schwäbisch Gmünd zum Schirenhof Bus 5 bis Haltestelle Stiftsgut; zum Rotenbachtal Bus 5b bis Haltestelle Abzweig Krähe | **Anfahrt** B 29 Ausfahrt Schwäbisch Gmünd-West/Großdeinbach bis zum Parkplatz Schirenhof beziehungsweise Wanderparkplatz an der B 29 östlich der Abzweigung nach Kleindeinbach, Eingang Rotenbachtal | **Tipp** Baden wie die Römer? Das kann man in den Limes-Thermen in Aalen.

12 Die Manufaktur B 26

Oldtimer in der alten RITZ Pumpenfabrik

In das alte Fabrikgebäude in der Becherlehenstraße 26 ist wieder Leben eingezogen. Wo einst Pumpen hergestellt wurden, kommen nun Oldtimerliebhaber ganz auf ihre Kosten. Das ehemalige Areal der RITZ Pumpenfabrik am Stadtrand von Schwäbisch Gmünd wurde in ein Kompetenzcenter für Old- und Youngtimer umgestaltet. Hier werden nicht nur historische Fahrzeuge ausgestellt, hier hat sich ein komplettes Angebot rund um die Oldtimer angesiedelt, vom An- und Verkauf bis zu Pflege, Reparatur und Restauration der Liebhaberstücke. Zwischen den alten Gebäudepfeilern der Fabrik, offen zu allen Seiten, laden ein Restaurant und eine Kaffeerösterei mit Blick auf die Oldtimer zum Verweilen in diesem besonderen Ambiente von automobilem Kult und industriellem Chic.

1877 wurde auf dem heutigen Gelände der Manufaktur B 26 die RITZ Pumpenfabrik von den Brüdern Josef und Karl Ritz und ihrem Schwager Albert Schweizer gegründet. Josef und Karls Vater war Bierbrauer, und die Söhne erkannten den Bedarf an leistungsfähigen Pumpen im Brauereigewerbe. Die Produktpalette umfasste zunächst langsam rotierende Saug- und Druckpumpen, später auch Kreiselpumpen. 1948 wurde das Programm um Unterwassermotoren ergänzt. 2007 baute RITZ die größte Unterwasserpumpe der Welt für die Wasserversorgung von Las Vegas. 2010 kam dann der Auftrag für den Bau des weltgrößten Unterwasserantriebs zur Förderung eines Gas-Öl-Gemisches in einer Tiefe von rund 3.000 Metern.

Nach 125-jähriger Tradition als Familienunternehmen, in dem die Geschäftsführung in direkter Linie von den Gründern auf den Urenkel Thomas Ritz übergegangen war, ist die RITZ Pumpenfabrik seit 2010 Teil der ANDRITZ-Gruppe. Und einer der weltweit führenden Hersteller von Pumpen und Motoren für den Transport von Flüssigkeiten aller Art. Hier im alten Fabrikgebäude hat alles begonnen …

Adresse Becherlehenstraße 26, 73527 Schwäbisch Gmünd | **ÖPNV** IC oder RE bis Bahnhof Schwäbisch Gmünd, von dort circa 20 Minuten zu Fuß | **Anfahrt** B 29 bis Schwäbisch Gmünd, B 298 bis Becherlehenstraße | **Öffnungszeiten** täglich 9–17 Uhr | **Tipp** Noch mehr Oldtimer gibt es in Fellbach im Mercedes Classic Center und im Renault-Museum Fritz Schweier zu sehen.

13 Der Remsstrand

Sand aus aller Welt

»Gamundia«, die Mündung, gab der Stadt Gmünd ihren Namen. Der Josefsbach fließt hier vor den Toren der Altstadt in die Rems. Wo heute der Remsstrand zum gemütlichen Chillen einlädt, verstellten vor nicht allzu langer Zeit noch Brückenbauwerke der B 29 den Blick auf die Altstadt. Der mehrspurige Ausbau der B 29 in den 1970er Jahren zerschnitt das Mündungsgebiet zwischen Bahnhof und historischer Altstadt. In Verbindung mit der Landesgartenschau 2014 wurde dieses Gebiet städtebaulich komplett umgekrempelt. Die B 29 wurde in einen Tunnel unter die Erde verbannt, sodass der bisher stark vernachlässigte Bahnhofsbereich und der Stadtgarten an die Altstadt angebunden und erweitert werden konnten. Es entstand der Remspark.

30 Tonnen Quarzsand wurden hierfür an den Remsstrand geschaufelt. Hinzu kamen insgesamt 235 Sandspenden aus aller Welt, von der deutschen Ost- und Nordsee, von Grönland bis Australien. Terrassen und Sitzstufen am Wasser, Strandkörbe und Sonnenschirme laden nun zum Verweilen ein.

Überstrahlt wird die Szenerie von einem glänzenden Kubus, dem neuen »Forum Gold und Silber«. Das Gebäude ist in eine mattierte, goldfarbene Fassade gehüllt. Insgesamt 787 einzelne Bleche verbinden sich zu dreieckigen Flächen, die Assoziationen an den Facettenschliff von Edelsteinen hervorrufen. Damit soll an die lange Tradition Schwäbisch Gmünds als Gold- und Silberstadt erinnert werden. Bereits 1372 wurde der erste Goldschmied urkundlich erwähnt, 1739 waren es schon 250 Goldschmiedemeister. 1776 wurde in Schwäbisch Gmünd die Hochschule für Gestaltung gegründet. So verbindet der goldene Kubus nicht nur Tradition und Zukunft, sondern auch Kunst, Design und Architektur.

Das Untergeschoss des Kubus öffnet sich zum Platz hin. Im Café wurden Reste der mittelalterlichen Zwingermauer freigelegt und architektonisch in das Gebäude eingebunden.

Adresse 73525 Schwäbisch Gmünd, direkt beim Bahnhof | ÖPNV IC oder RE bis Bahnhof Schwäbisch Gmünd | Anfahrt B 29 Ausfahrt Schwäbisch Gmünd, Richtung Bahnhof | Tipp Im Stadtgarten stehen auch ein hübsches Rokokoschlösschen und die Statue des »Geigers von Schwäbisch Gmünd«.

14 Das Ringelblumen-Feld

Tausendsassa im Weleda Heilpflanzengarten

Zum Sonnenaufgang öffnet die Ringelblume ihre kräftig orangegelben Blüten, kaum ist die Sonne wieder am Horizont verschwunden, schließen sie sich wieder. Droht Regen, bleiben die Blüten geschlossen. Im Juni verwandelt die Ringelblume, die *Calendula*, den Weleda Heilpflanzengarten auf einer Fläche von einem Hektar in ein Meer aus orangegelb leuchtenden Blüten.

Die Ringelblume gehört zu den ältesten Kulturpflanzen. Sie wurde bereits von den alten Griechen und Römern, Indern und Arabern als Zierpflanze geschätzt. Ihre Heilkräfte wurden aber erst im Mittelalter bekannt. Hildegard von Bingen führte »Ringula« als Mittel gegen Verdauungsbeschwerden und Entzündungen ein. Mit ihrer stark regenerierenden und schützenden Wirkung ist die *Calendula* eine der wichtigsten der rund 260 Pflanzen in dem Weleda Heilpflanzengarten, der nach der Lehre des Anthroposophen Rudolf Steiner angelegt wurde.

In der Morgensonne, wenn der Saftstrom mit seinen wertvollen Wirkstoffen aus der Erde in die Pflanzen aufsteigt, werden die Blüten einzeln von Hand gepflückt.

Zerpflückt wurden die Blüten auch schon immer gern: Die Ringelblume wird klassischerweise für die Frage »Er liebt mich, er liebt mich nicht« verwendet. Im Volksglauben werden ihr viele magische Kräfte zugesprochen, so stärken Ringelblumen, die zu Mittag gepflückt werden, das Herz und schenken Trost. Um Türpfosten geschlungene Ringelblumengirlanden bewahren das Haus vor dem Eindringen böser Mächte, und unter dem Kopfkissen ausgestreute Ringelblumen beschützen im Schlaf, sorgen für hellsichtige Träume und lassen sie Wirklichkeit werden. Die hellfarbigen Blüten nur anzusehen, stärkt die Sehkraft, und wenn man vor Gericht Ringelblumen in der Tasche hat, hat man die Gerechtigkeit auf seiner Seite. Wenn das nicht Grund genug für einen Besuch im Heilkräutergarten ist …

Adresse Am Pflanzgarten 1, 73527 Schwäbisch Gmünd-Wetzgau | **ÖPNV** vom Bahnhof Schwäbisch Gmünd Bus 6 Richtung Deinbach bis Haltestelle Weleda Gärten oder Kolomanstraße, Calendula-Feld am Radweg Richtung Großdeinbach | **Anfahrt** B 298, bei Mutlangen in Deinbacher Straße | **Öffnungszeiten** Führungen durch den Heilpflanzengarten nach Anmeldung, Tel. 07171/9198011, www.weleda.de | **Tipp** Am Parkplatz hat man vom 40 Meter hohen Aussichtsturm »Himmelsstürmer« einen schönen Blick über die Gärten bis zum Hohenstaufen.

15 Die Silberwarenfabrik

Zeugnis der Wirtschafts- und Industriegeschichte

Es wirkt, als seien die Arbeiter nur kurz zur Pause. Arbeitsgeräte liegen herum, halb fertiggestellte Silberwaren warten auf die Weiterverarbeitung. Am Comptoir, dem Büro, hängt ein handschriftliches Schild »Mittagspause – komme in ½ Stunde wieder«. Und in der Tat: Als Emil Pauser 1979 den Schlüssel herumdrehte, blieb alles, wie es war, als Schwäbisch Gmünd die Nummer eins in der Silberwarenverarbeitung in Deutschland war.

Im 17. Jahrhundert entwickelte sich das Gold- und Silberhandwerk zum wichtigsten Gewerbe der damaligen Reichsstadt. Bis zur Industrialisierung. Diese verschlief Gmünd beinahe, wäre da nicht Nikolaus Ott gewesen, der 1845 die erste moderne Silberwarenfabrik der Stadt errichtete. Die Fabrik spezialisierte sich auf erschwingliche Alltagsgegenstände und exportierte diese bis nach Kuba.

1928 wird die Firma von Joseph Pauser übernommen, doch wenig später zwingt ihn die Weltwirtschaftskrise dazu, den Betrieb zu verkleinern. Bis 1979 wird die Produktion von Emil Pauser senior aufrechterhalten. Aber die Anlage ist inzwischen veraltet und nicht mehr rentabel. Als Emil Pauser den Schlüssel ein letztes Mal umdreht, fällt sie in einen Dornröschenschlaf, aus dem sie erst 20 Jahre später wiedererweckt wird, als sich eine Bürgerinitiative gemeinsam mit der Stadt darum bemüht, die Fabrik als Industriemuseum zu erhalten.

Die Ott-Pausersche Fabrik ist das älteste erhaltene Fabrikgebäude in Schwäbisch Gmünd und Zeugnis der Industrialisierungs- und Wirtschaftsgeschichte. Emil Pauser, der sich gegen weitere Modernisierungen sträubte, ist es zu verdanken, dass die Maschinen noch im Original erhalten sind. Und manchmal werden sie wieder angeworfen, die Friktionsspindelpressen, Fallhämmer und Walzwerke, und gewähren einen Einblick in den Arbeitsalltag eines Gmünder Gold- und Silberarbeiters zum Ende des 19. Jahrhunderts.

Adresse Silberwarenmuseum Ott-Pausersche Fabrik, Milchgässle 10, 73525 Schwäbisch Gmünd | **ÖPNV** IC oder RE bis Bahnhof Schwäbisch Gmünd, von dort circa 10 Minuten zu Fuß | **Anfahrt** B 29 Ausfahrt Schwäbisch Gmünd, B 298, Parkhaus P1 City Center | **Öffnungszeiten** während der Sommerzeit Di, Mi, Fr 14–17 Uhr, Do 14–19 Uhr, Sa, So, feiertags (außer Karfreitag) 11–17 Uhr, Führungen jeden So 14 Uhr, Vorführung von Handwerkstechniken jeden 1. So im Monat 15 Uhr | **Tipp** In der Kinderwerkstatt können Kinder im Alter von neun bis 12 Jahren in Workshops selbst Schmuck erstellen.

16 Der Gmünder Skulpturenpfad

Auf den Spuren Gmünder Bildhauer

Kunst und Geschichte – moderne Skulpturen und historische Gebäude. Das erzeugt spannende Gegensätze. Bei einem Streifzug durch die alte Reichsstadt Schwäbisch Gmünd trifft man allerorten auf Skulpturen, die sich harmonisch in die malerische, alte Stadtkulisse einfügen und so die historischen Winkel modern interpretieren – oder von diesen beeinflusst wurden?

Skulpturenrundgänge gibt es im Remstal ja einige. Dieser überzeugt nicht nur durch die Qualität und Vielfalt seiner Skulpturen, er hat auch einen direkten Bezug zur Geschichte von Schwäbisch Gmünd als Gold- und Silberstadt mit einer langen künstlerischen und bildhauerischen Tradition. Bereits 1776 wurde hier eine Zeichenschule gegründet, die 1860 zur Gewerbeschule mit eigener Fachabteilung für Gold- und Silberschmiede erweitert wurde. 1907 wird die »Königliche Fachschule für Edelmetallindustrie« konstituiert, die heutige Hochschule für Gestaltung.

Neben Werken von Dietrich Klinge, Rolf Haug, David Nash, Ren Rong und Menashe Kadishman sind unter den Skulpturen auch Arbeiten vieler Gmünder Künstler, unter ihnen auch vier ehemalige Professoren der Hochschule für Gestaltung: Jakob Wilhelm Fehrle (1927–1929), Fritz Nuss (1952–1972), Karl Ulrich Nuss (1972–1979) und Max Seitz (1981). Alle vier haben nach einer Ausbildung als Ziseleur beziehungsweise Stahlgraveur hier in Schwäbisch Gmünd ein Kunststudium aufgenommen und haben später neben ihrer Lehrtätigkeit auch als Bildhauer gearbeitet. Zu den Gmünder Künstlern gehören auch Eckhart Dietz, Sepp Baumhauer und Walter Giers.

19 zumeist figürliche Werke verbindet der abwechslungsreiche Skulpturenrundgang und führt dabei auch gleich an den schönsten Sehenswürdigkeiten der Stadt vorbei. Im Stadtteil Straßdorf gibt es einen weiteren Skulpturenweg, »Wege der Kunst«.

Adresse Startpunkt i-Punkt Marktplatz 37/1, 73525 Schwäbisch Gmünd, www.schwaebisch-gmuend.de | **ÖPNV** IC oder RE bis Bahnhof Schwäbisch Gmünd, von dort circa 10 Minuten zu Fuß | **Anfahrt** B 29 Ausfahrt Schwäbisch Gmünd, Richtung Zentrum, dort mehrere Parkhäuser | **Tipp** Das Museum im Prediger ergänzt mit Ausstellungen zum Gesamtwerk einzelner Künstler (Johannisplatz 3).

17_Die Villa Seiz

Jugendstilvilla mit Skulpturengarten

Man weiß gar nicht, wohin man den Blick zuerst schweifen lassen soll: zu den Skulpturen und Zeichnungen von Max Seiz, die in den lichtdurchfluteten Räumen der Jugendstilvilla auf dem Nepperberg präsentiert werden, oder zu den schönen Jugendstilmöbeln und Wandvertäfelungen, die einen perfekten Rahmen für die Kunst bilden. Es lohnt also, immer wieder den Blick von der Kunst in den Raum und vom Raum zur Kunst zu lenken.

Hier, in wunderschöner Hanglage hoch über Schwäbisch Gmünd, fand der Künstler Max Seiz ein ideales Rückzugsgebiet für seine Werke. Eingebettet in einen hübschen, von Sandsteinfelsen umgebenen Skulpturengarten liegt sein Atelier und Galerie | Museum.

Max Seiz ist ein Vertreter der Klassischen Moderne. Er wurde 1927 in Schwäbisch Gmünd geboren. Wie so viele Gmünder Künstler absolvierte er zunächst eine Lehre als Stahlgraveur und besuchte die Höhere Fachschule für das Edelmetallgewerbe. Er arbeitete bei WMF und anschließend als Stahlgraveur in London – dort fiel die Entscheidung, sich als Künstler selbstständig zu machen. London war seine »Akademie«. Seiz ist Autodidakt und arbeitet seit 1952 als freiberuflicher Bildhauer und Maler. Ein zentrales Motiv seiner Werke ist die Darstellung des Menschen, bei vielen Arbeiten bis auf abstrakte Formen reduziert. In der menschlichen, weiblichen Gestalt interpretiert er die Welt. Seine Werke wurden international in vielen Sammlungen, in Museen sowie im öffentlichen Raum präsentiert.

Andrea Seiz managt zusammen mit ihrem Bruder Alexander die Kunst ihres Vaters. Das Galerie | Museum Villa Seiz vertritt auch andere Künstler aus den Bereichen der klassischen Moderne sowie der konstruktiven und abstrakten Kunst, deren Arbeiten bei Ausstellungen gern in Dialog mit den Werken von Max Seiz gesetzt werden. Zeitgenössische Kunst und Jugendstil – eine spannende Kombination, die den Weg auf den Nepperberg lohnt.

Adresse Nepperberg 4, 73525 Schwäbisch Gmünd, www.villa-seiz.de | **ÖPNV** IC oder RE bis Bahnhof Schwäbisch Gmünd, von dort circa 8 Minuten zu Fuß | **Anfahrt** B 29 bis Schwäbisch Gmünd, beim Bahnhof in die Unterführung einfahren Richtung Taubental, dann sofort links in die 1. Straße rechts (Salvatorstraße) | **Öffnungszeiten** Fr, Sa, So 15–18 Uhr (nur während aktueller Ausstellungen) und nach Vereinbarung | **Tipp** Figuren von Max Seiz stehen auch im Stadtgarten, in der Innenstadt und im Museum im Prediger.

18_Die Waldkugelbahn

Spielerisch den Wald erleben

Lustig rollt die kleine Kugel auf hölzernen Bahnen durch den Wald, verschwindet hier in einem Loch, schlängelt sich dort um einen Baum und taucht wieder auf. Hin und wieder müssen Hindernisse aus dem Weg geräumt werden. Die Waldkugelbahn mit dem Thema »Auf dem Holzweg« ist der Höhepunkt des Erlebnis-Waldpfades Naturatum und führt auf 550 Metern von Station zu Station auf der Reise eines Baumes vom Wald zum Holzprodukt.

Das Naturatum war eine Herzensangelegenheit von Dieter Paul. Schon als kleiner Junge hatte er den Wald am Zeiselberg als sein Abenteuerrevier entdeckt. Er wollte Lehrer werden und seine Begeisterung für die Natur an die Schulkinder weitergeben. Doch dann erkrankte er und konnte nur noch eingeschränkt seinen Alltag bewältigen. So schrieb er Tier- und Waldgeschichten und gründete 2004 die Fagus-Stiftung.

»Fagus« steht im Lateinischen für den Laubbaum Buche. Aber Fagus bedeutet auch »Mutter des Waldes«. Mit der Stiftung wollte er dazu beitragen, jungen Menschen die Vorgänge im Lebensraum Wald zu vermitteln. Anlässlich der Landesgartenschau 2014 entwickelte die Stiftung den Naturatum ErlebnisWaldpfad. Hier können Kinder und Jugendliche anhand von Experimenten, Erlebniszonen, Labyrinthen, übergroßen Fuchsbauten und Entdeckerspielen die Geheimnisse des Waldes und dessen ökologische Zusammenhänge entdecken.

Die Eröffnung der Landesgartenschau erlebte Dieter Paul leider nicht mehr. Nun wurde der Forstpavillon, der von der Universität Stuttgart ganz in seinem Sinne entwickelt wurde, nach ihm benannt. Die innovative, vom Plattenskelett des Seeigels inspirierte Schalenkonstruktion zeigt die Leistungsfähigkeit des Baustoffes Holz. Dabei wurde auf einen geringstmöglichen Materialeinsatz und einen sinnvollen und effizienten Umgang mit den Ressourcen geachtet. Das hätte dem Denker und Visionär Dieter Paul gefallen.

Adresse zwischen Schwäbisch Gmünd und 73527 Wetzgau, www.naturatum.de | **ÖPNV** vom Bahnhof Schwäbisch Gmünd 15 Minuten zu Fuß oder Bus 6 bis Haltestelle Wetzgau/Friedhof oder Wetzgau Kolomanstraße/Deinbacher Straße | **Anfahrt** B 29 Ausfahrt Schwäbisch Gmünd-West, Großdeinbach, Parkplatz Wetzgau am Aussichtsturm »Himmelsstürmer« oder Schwäbisch Gmünd Parkplatz Taubental (beim Bahnhof) | **Öffnungszeiten** große Runde: April–Okt., kleine Runde: ganzjährig | **Tipp** Eine zweite Kugelbahn gibt es in Kernen-Stetten zwischen dem Sängerheim und dem Steinbruch (siehe Ort 69), die »Herzogliche Kugelbahn«.

19 Die Wortuhr

Worte statt Zeiger und Ziffern

Wer sagt, dass eine Uhr rund sein und Zeiger haben muss? Längst schon haben wir uns daran gewöhnt, dass die Zeit anstelle von Zeigern durch bloße Ziffern angezeigt wird. Sonnenuhr, Zeigeruhr, Digitaluhr – es gibt keinen Fortschritt, ohne dass man Gewohntes in Frage stellt und mal »um die Ecke denkt«. Das haben sich auch Marco Biegert und Andreas Funk gedacht.

Die beiden Tüftler kommen aus Schwäbisch Gmünd – einer Stadt mit einer langen Uhrentradition. Die auf Armbanduhren spezialisierte Firma Bifora J. Bidlingmaier GmbH beschäftigte zu ihrer Blütezeit in den 30er Jahren bis zu 230 Gmünder. Bifora ist inzwischen Geschichte, Qlocktwo erobert nun den Design- und Weltmarkt.

Marco Biegert und Andreas Funk gründen nach dem Studium eine Werbeagentur, aber immer wieder beschäftigen sie Fragen nach der Zeit, deren Wesen, der Zeitmessung, dem Takt, dem sich die Menschheit unterwirft. Herausgekommen ist eine ganz neue Art von Uhr, bei der die Zeitangabe nicht mehr mittels Zeiger und Zifferblatt erfolgt, sondern genauso wie sie gesprochen wird, in Worten. Je nach Zielgruppe können diese in der jeweiligen Sprache angefertigt werden. Eine Revolution wird dieser neue Uhrentyp wohl nicht auslösen, aber in der Design-Szene haben die Wortuhren bereits für Furore gesorgt und namhafte Preise eingeheimst. Bis in den Store des Museums of Modern Art in New York haben es die Zeitmesser von Qlocktwo bereits gebracht.

Die weltweit größte Wortuhr hängt am Bürogebäude gegenüber dem Bahnhof Gmünd. Sie misst 5,20 mal 5,20 Meter, ihre Frontplatte besteht aus 16 Millimeter dickem, rostfarbenem Stahl, aus dem die 110 Buchstaben, die die Zeit anzeigen, ausgeschnitten sind. Dahinter liegen kräftige LED-Strahler, die die entsprechenden Zahlworte hinterleuchten, wobei sich die Zeitangabe im Fünf-Minuten-Rhythmus ändert. So heißt es beispielsweise: »Es ist drei Uhr« – wie auf dem Foto.

Adresse Bahnhof, 73525 Schwäbisch Gmünd | **ÖPNV** IC oder RE bis Bahnhof Gmünd, von dort circa 5 Minuten zu Fuß | **Anfahrt** B 29 Ausfahrt Schwäbisch Gmünd | **Tipp** Im Gmünder Torhaus am Stadtgarten haben die Gründer eine Qlocktwo-Galerie mit Espressobar eröffnet (geöffnet Mo–Fr 10–18 Uhr, Sa 10–14 Uhr). Noch mehr Uhren gibt es im Bifora-Uhrenmuseum in der Hauffstraße 2 zu sehen.

20 Die Burg Wäscherschloss

Wiege der Staufer

Trutzig und abweisend erscheint die fast zehn Meter hohe und zwei Meter dicke Mauer aus Buckelquaderwerk, die den dahinterliegenden Wohnturm schützt. Schon von Weitem sollen diese kräftig wirkenden Steine die Stärke der Burg signalisieren. Klein fühlt man sich, wenn man davorsteht. Kein Fenster, keine Luke, nur ein runder Torbogen. Das Tor steht offen. Der Innenhof, der sich wie ein Trapez zum gegenüberliegenden Hauptgebäude weitet, wirkt erstaunlich klein und übersichtlich. Über die gesamte Längsseite erhebt sich über der Grundmauer der Palas, ein schmuckes Fachwerkgebäude, das als Wohnhaus diente.

Die ältesten Teile der Burg entstanden bereits im frühen 13. Jahrhundert. Weschenburg wurde die Anlage damals genannt, nach dem Ritter Konrad »der Wascher«. 1481 wurde das erste Stockwerk aus rustikalem Eichenfachwerk aufgesetzt. Hier befindet sich der große Saal mit einer Fensterfront zum Hof hin – und einer herrschaftlichen Aussicht bis zum Hohenstaufen, einem der drei Kaiserberge bei Göppingen, wo einst die Stammburg der Staufer stand. 1699 wurde der Palas noch einmal aufgestockt und ein Kornboden mit einem einfacheren Fachwerk ergänzt.

Der Legende nach war das Wäscherschloss die »Wiege der Staufer«. Eine andere verbindet es gar mit einer Wäscherin, die die Geliebte des Kaisers Barbarossa gewesen sein soll. Tatsächlich handelt es sich bei der Burg um eine Dienstmannenburg, eine vorgelagerte Befestigung der Staufer aus dem 13. Jahrhundert. Sie liegt strategisch günstig direkt am Kaisersträßle, auf dem einst die Stauferkaiser vom Hohenstaufen über den Höhenrücken des Schurwaldes zu ihrer Kaiserpfalz Waiblingen ritten.

Ein kleines Museum informiert über den Burgenbau und das tägliche Leben im Mittelalter, von der Ernährung bis zur Kleidung. Das urige Café lädt zum Verweilen ein, und im Sommer finden im Innenhof Konzerte der Folk- und Mittelalterszene statt.

Adresse 73116 Wäschenbeuren, www.burgwaescherschloss.de | **ÖPNV** Bus 11 von Lorch oder Schwäbisch Gmünd, Haltestelle Wäscherhofstraße | **Anfahrt** B 29 bis Lorch, Ausfahrt B 297 nach Wäschenbeuren, Wäscherhofstraße | **Öffnungszeiten** 1. Mai – 31. Okt. Do – So 12 – 17 Uhr | **Tipp** Im Wäscherschloss finden zahlreiche Veranstaltungen statt: Vernissagen, Mittelalterliche Heerlager und Konzerte. Direkt am Wäscherschloss beginnt eine 43 Kilometer lange Radtour auf dem Kaisersträßle bis nach Fellbach.

21 Der Limes-Wachturm

Sicherung der Obergermanisch-Rätischen Grenze

Knapp 900 Wachtürme und 120 kleine und große Kastellorte reihten sich entlang des Obergermanisch-Rätischen Limes, der vor 1.800 Jahren die Grenze zwischen dem römischen Weltreich und dem freien Germanien darstellte. Einer dieser 900 Wachtürme steht in Lorch.

Mit einer Länge von 550 Kilometern ist der Limes nach der Chinesischen Mauer das längste Bodendenkmal der Welt. Hier bei Lorch biegt der südlich des Mains schnurgerade in nord-südlicher Richtung verlaufende Limes plötzlich nach Osten ab, um die wichtige Verkehrsroute vom Neckar durch das Remstal nach Aalen zu schützen. Er war nicht nur eine militärische Grenze. An den Grenzübergängen entstanden Marktplätze für den Außenhandel, hier wurden Zölle erhoben und die Zuwanderung gesteuert. Meistens wurden die Türme auf Hügeln gebaut, um eine gute Sicht auf den Limes und das dahinterliegende Land zu gewähren. Die Kommunikation zwischen den Türmen sowie zu den umliegenden Kastellen erfolgte durch Licht- und Rauchzeichen.

Da kein einziger der Wachtürme entlang des Obergermanisch-Rätischen Limes vollständig erhalten ist, kann nur vermutet werden, wie die Türme ausgesehen haben. Sie waren wahrscheinlich aus Stein und besaßen eine Höhe von bis zu zwölf Metern. Das Erdgeschoss diente als Stau- und Vorratsraum. Der Eingang befand sind im ersten Stock und war nur über eine Leiter zugänglich. Hier befand sich der Schlaf- und Aufenthaltsraum für die vier bis acht Mann Besatzung mit Stockbetten und einer Feuerstelle. Der Wachraum im Obergeschoss besaß eine umlaufende Galerie oder große Fenster. Die Wachtürme waren durch Holzpalisaden verbunden.

Auch wenn das Aussehen der Wachtürme nicht hundertprozentig sicher ist, so gibt die Rekonstruktion aus dem Jahr 1969 doch eine ungefähre Vorstellung von dem gigantischen Bauwerk, das 2005 zum UNESCO-Weltkulturerbe ernannt wurde.

Adresse Klosterstraße 2, 73547 Lorch | ÖPNV RE bis Bahnhof Lorch, Fußweg zum Kloster 10 Minuten | Anfahrt B 29 Ausfahrt Lorch Ost, Richtung Welzheim der Ausschilderung Kloster Lorch folgen, ein Wanderparkplatz circa 200 Meter vom Wachturm entfernt an der Straße nach Alfdorf | Tipp Der Wachturm liegt am Limes-Wanderweg des Schwäbischen Albvereins, der auf 245 Kilometern von Miltenberg am Main über Lorch bis Wilbugstetten bei Dinkelsbühl führt.

22 Die Schelmenklinge

Es klappert die Mühle am rauschenden Bach

»Es klappert die Mühle am rauschenden Bach, klipp klapp. Bei Tag und bei Nacht ist der Müller stets wach, klipp klapp, klipp klapp, klipp klapp.« Klappern tut es entlang des Wanderweges durch die Schelmenklinge alle paar Meter. Dazwischen hämmert und klopft es, klingeln Glöckchen und plätschert Wasser.

Die Ortsgruppe Lorch des Schwäbischen Albvereins hat in der schmalen Waldschlucht zwischen Lorch und Bruck zahlreiche Wasserspiele in liebevoller Handarbeit aufgebaut. Alles, was sich bewegt und mit Wasserkraft angetrieben werden kann, ist hier zu finden: eine Hammerschmiede, ein Sägewerk, ein Ölbohrturm, ein Karussell, ein Riesenrad … und natürlich auch eine Mühle.

Nach etwa 500 Metern wird die Schlucht schmal und urwüchsig. Bizarre Stubensandsteinfelsen türmen sich empor, über einen Felsvorsprung stürzt der Bach herab, der Weg führt über eine Eisentreppe steil nach oben. Die Wände der Schlucht sind mit Immergrün und Moos bekleidet. Ein perfektes Versteck für Diebe, Gauner und Betrüger, die sich dem Zugriff der Obrigkeit entziehen wollten. Damals bezeichnete man diese Halunken als Schelme, und so kam die Schelmenklinge zu ihrem Namen. Seit 1886 ist sie begehbar, aber schon Eduard Mörike soll die Schlucht gekannt und in einem Gedicht erwähnt haben.

Zur Kutschenreisezeit war Lorch eine wichtige Raststation mit überdurchschnittlich vielen Gaststätten. Als 1861 die Eisenbahnlinie von Stuttgart nach Aalen eröffnet wurde und die Städter einfacher reisen konnten, wandelte sich Lorch zum Luftkurort. Um das Ausflugsziel attraktiver zu machen, wurden Wanderwege angelegt, so auch durch die Schelmenklinge. Eine der Quellen wurde gefasst und über Rohre zu den Schelmenklingefelsen geführt, so entstand der Wasserfall. Ursprünglich führte der Weg direkt durch die Felsen, nach Felsstürzen musste er jedoch über die Treppe umgeleitet werden.

Adresse 73547 Lorch | **ÖPNV** RE bis Bahnhof Lorch, Fußweg zum Kloster 10 Minuten, ab dort Rundweg | **Anfahrt** B 29 Ausfahrt Lorch Ost, entweder zum Park-&-Ride-Parkplatz beim Bahnhof oder bis Kloster Lorch, ab dort 5 Kilometer Rundweg zu Fuß oder weiter nach Bruck, kurz vor dem Ort ist links ein kleiner Parkplatz (steiler Abstieg) | **Öffnungszeiten** ganzjährig, Wasserspiele Mai–Okt. | **Tipp** Es gibt verschiedene Fuß- und Wanderwege ab Lorch, der schönste ist der zwölf Kilometer lange Jubiläumsweg Königin Irene ab dem Bahnhof (Infos: www.schelmenklinge.de).

23 Die Stauferfalknerei

Über die Kunst, mit Vögeln zu jagen

Einem Lufthauch gleich schießt ein junger Falke zwischen den Zuschauerreihen hindurch, doch findet keine Berührung statt. Die Falken sind präzise Flugkünstler, steigen in den Himmel auf, stürzen fast senkrecht wieder herab, drehen sich um die eigene Achse und fangen den Köder in der Luft, und das Ganze in Sekunden, schneller als die Verschlusskappen der Kameras sich öffnen und schließen …

Der Blick reicht von hier weit ins Remstal, bis auf den nordöstlichen Albtrauf und den Hohenrechberg, einen der drei Kaiserberge. Der Stauferkaiser Friedrich II. war von der Falknerei so begeistert, dass er das gesamte Wissen seiner Zeit über Greifvögel und ihre Abrichtung in seinem weltbekannten Werk »De arte venandi cum avibus« (Über die Kunst, mit Vögeln zu jagen) niederschrieb.

Entstanden ist die Beizjagd vermutlich vor 3.500 Jahren in den weiten Steppen Zentralasiens. Mit der Völkerwanderung kam sie nach Europa und erlebte im Mittelalter ihre Blütezeit. Auch heute genießt die Kunst der Beizjagd und das Abrichten von Greifvögeln noch in vielen Ländern einen hohen Stellenwert. So hat die UNESCO 2010 die Falknerei in die Repräsentative Liste des immateriellen Kulturerbes der Menschheit aufgenommen. Neben traditionellen Ländern wie der Mongolei, Südkorea, Marokko und den Vereinigten Arabischen Emiraten sind auch Spanien, Frankreich, Belgien, Tschechien und Österreich dabei. Und seit 2016 auch Deutschland. So wird am Ende auch der Mann gewürdigt, der einst die Falknerei zur Kunst erhob und dessen Wurzeln hier im Remstal lagen.

Die staufische Tradition wird in der Stauferfalknerei am Kloster Lorch weitergeführt. Neben Falken kann man hier auch Karakas, Bussarde und Weißkopfadler erleben, ebenso verschiedene Eulen, darunter ein Uhu, das »Sinnbild der Weisheit«. Ruhig und weise sitzt er auf dem Baumstamm und betrachtet mit seinen großen Augen gelassen die Menschenmenge.

Adresse Klosterstraße 2, 73547 Lorch, www.stauferfalknerei.de | **ÖPNV** RE bis Bahnhof Lorch, Fußweg zum Kloster 10 Minuten | **Anfahrt** B 29 Ausfahrt Lorch Ost, weiter Richtung Welzheim der Ausschilderung Kloster Lorch folgen | **Öffnungszeiten** April–Okt. Mi und Sa 15 Uhr, So und Feiertag 11–15 Uhr, Ferien zusätzlich Di und Do 15 Uhr | **Tipp** Am dritten Wochenende im September findet ein Historischer Staufermarkt in der Klosteranlage statt.

24 Das Stauferrundbild

Die Geschichte der Staufer auf 30 Meter Länge

Man weiß gar nicht, wo man zuerst hinschauen soll. Der ganze Raum ist ein einziges Kunstwerk. Leuchtend bunte Farben, ein Gewusel an Figuren, Szenen, Orten. Am besten, man setzt sich in der Mitte des Raums auf die Rundbank und beginnt ganz links, am Anfang der 250 Jahre langen Geschichte der Staufer, als die Dynastie mit Friedrich von Büren beginnt. Er baute das nahe gelegene Wäscherschloss, das als Wiege der Staufer gilt (siehe Ort 20).

Auf 30 Meter Länge und 4,5 Meter Höhe hat der Lorcher Maler Hans Kloss die Geschichte der Staufer in einem Rundbild verewigt. Von Friedrich von Büren bis zu Konradin, von der Burg Hohenstaufen bis zum Fluss Salph, von Lorch bis zum Castel del Monte in Apulien. 1.500 menschliche Figuren – für viele von ihnen haben Bewohner von Lorch und Umgebung Modell gestanden –, 400 Tiere, 120 Stadtansichten, Burgen und Orte hat er zu einem bunten Mosaik zusammengefügt, das die wechselvolle Geschichte der Staufer erzählt.

Und das an einem der geschichtsträchtigsten Orte, im Kapitelsaal des Klosters Lorch, der Grablege der Staufer. Zusammen mit der Burg Wäscherschloss und dem Hohenstaufen bildet das Kloster Lorch das Herz des Stauferlandes. Die Benediktinerabtei wurde 1102 von dem Staufer Herzog Friedrich I. und seiner Familie als Hauskloster gestiftet und diente als eine der Grablegen der Dynastie. In der Mitte des Kirchenschiffs steht die Staufer-Tumba. 1475 ließ Abt Nikolaus Schenk von Arberg alle Gräber der Staufer öffnen und die vorhandenen Überreste in der Tumba zusammenlegen. Die Staufer waren damals längst ausgestorben.

Nach der Reformation verfiel die Klosterkirche und wäre um ein Haar abgerissen worden. Erst im 19. Jahrhundert wurde dieser Ort der Staufer wiederentdeckt. Mit dem Stauferrundbild wird deren Geschichte nun wieder lebendig.

Je länger man hinschaut, desto mehr gibt es zu entdecken …

Adresse Klosterstraße 2, 73547 Lorch, www.kloster-lorch.com | ÖPNV RE bis Bahnhof Lorch, Fußweg zum Kloster 10 Minuten | Anfahrt B 29 Ausfahrt Lorch Ost, weiter Richtung Welzheim, der Ausschilderung Kloster Lorch folgen | Öffnungszeiten täglich (Mi, Do, Sa, So) 11–17 Uhr | Tipp Im Panoramamuseum am Marktplatz in Schwäbisch Gmünd gibt es ein zweites Staufer-Rundbild, auf dem alle Mitwirkenden der 2012 erstmals aufgeführten Staufer-Saga verewigt wurden.

25 Die Theaterscheuer

Theaterspiel mit Leidenschaft hinterm Scheuerntor

Tagsüber ist es die bemalte Front des Scheuerntors, die sogleich ins Auge fällt. Die Farben sind schon ein wenig verblasst, aber die Hagia Sophia ist gut zu erkennen. Mit ihren »Istanbul-Impressionen« hat die türkische Künstlerin Handan Bali-Traub, die zwei Jahre in Schorndorf lebte, eine Brücke zwischen Orient und Okzident geschaffen. Abends spielt sich das Leben hinter dem Tor ab, dann wird in der heimeligen Atmosphäre der ehemaligen Scheuer mit Leidenschaft Theater gespielt, gesungen oder die großen Erzählungen der Weltliteratur als Figurentheater übersetzt.

Eine Handvoll zusammengewürfelter Stühle, die Wände schmückt altes Fachwerk. Einst stellte der Kutscher der Eierteigwarenfabrik Schüle hier sein Pferdefuhrwerk unter. Seit November 2007 stehen nun in dem Theater hinterm Scheuerntor Theateraufführungen, Lesungen, Vorträge und musikalische Abende auf dem Programm. Die Amateurschauspieler der Theatergruppe »Cacca di cavallo« bilden das Hausensemble. Die ersten Stücke standen noch ganz in der Tradition der Commedia dell'Arte. Es folgten literarische Komödien und Tragödien. Neben den Klassikern werden inzwischen auch selbst entwickelte Stücke gespielt.

Die künstlerische Leitung liegt in den Händen von Wolfgang Kammer, der auch als Theaterlehrer, Regisseur und Figurenspieler arbeitet. Er hat außerdem das Figurentheater »Punch-Kammer« ins Leben gerufen. Neben Kinderstücken macht er vor allem literarisches Figurentheater für Erwachsene. Mit seiner experimentellen Erzählweise zeigt er die faszinierenden Möglichkeiten des Figurentheaters auf, beschäftigt sich aber auch mit existenziellen Themen.

Als Eve Lerchle steht Silke Zech auf der Bühne. Mühelos und charmant verbindet sie detailgenaue Charakterstudien mit Komik und Gesang. Und wenn sie nicht auf den Theaterbrettern steht, dann verwöhnt sie die Gäste in ihrer Weinstube nebenan mit regionaler Küche.

Adresse Theater hinterm Scheuerntor, Am Marktplatz 4, 73655 Plüderhausen, www.theater-hinterm-scheuerntor.de, Tel. 0160/97314381 | ÖPNV RE bis Bahnhof Plüderhausen, 10 Minuten zu Fuß Richtung Marktplatz oder Bus 243 bis Haltestelle Staufenapotheke | Anfahrt B 29, Ausfahrt Plüderhausen, Richtung Ortsmitte/Marktplatz | Tipp In Plüderhausen gibt es noch zwei weitere Theater: Das Theaterbrettle präsentiert schwäbisches Mundart-Theater, und die Laienbühne des Walkersbacher Bauerntheaters führt alle zwei Jahre eigene Werke auf.

26 Der Bergrutsch

Lebendige Geologie

Nach lang andauernden Regenfällen rutschte am 7. April 2001 in Urbach ein Hang ab. Über 70.000 Kubikmeter mit Streuobstwiesen bedeckte Gesteins- und Erdmassen stürzten den Abhang zum Kirchsteigtobel hinab und kamen erst 80 Meter tiefer kurz vor dem Gegenhang zum Stillstand. So entstand eine 17 Meter hohe und 240 Meter breite Abrisswand. Es war nicht der erste Hangrutsch in dieser Region. Schon 1921 gab es hier einen Bergsturz, damals am Alten Berg gegenüber.

In den Eiszeiten schuf ein rascher Geländeabtrag steile Hänge mit sehr geringer Stabilität. Wasserdurchlässige Kieselsandsteinschichten wechseln sich ab mit tonreichen, gleitfähigen Bunten Mergeln, die bei übermäßiger Wasserzufuhr ins Rutschen kommen können. Auch heute sind sie noch nicht ganz in Ruhe.

Wie so oft hat auch hier die Natur sehr schnell das Gelände zurückerobert. Flechten und Moose waren die Ersten, dann kamen genügsame Gräser und Kräuter, und schon bald wuchsen Brombeeren, Schlehen und Eschen auf den Flächen. So entstand ein Mosaik verschiedener Lebensräume, die eine vielfältige Tier- und Pflanzenwelt beherbergen. Schafe und Ziegen sorgen nun dafür, dass das in Vegetation und Artenvielfalt einmalige, zum Geotop erklärte Gebiet erhalten bleibt.

Der Bergrutsch öffnete ein einzigartiges geologisches Fenster, das Einblicke in 220 Millionen Jahre Erdgeschichte bietet. 2007 wurde ein rund drei Kilometer langer »Bergrutsch-Rundweg« eingerichtet. Der Einstieg befindet sich vom Wanderparkplatz aus ein kurzes Stück die Straße zurück bei der Aussichtsbank. Von dort hat man einen schönen Blick über die Streuobstwiesen bis zur Abrisskante. Gerade im Frühling, wenn die Kirschbäume in voller Blüte stehen. Von der Bank aus führen zahlreiche Stäffele erst bergab, dann bergauf rund um den Bergrutsch herum. Einen weiteren Aussichtspunkt gibt es ein paar hundert Meter vom Wanderparkplatz entfernt.

Adresse Hagsteige 1, 73660 Urbach | ÖPNV vom Bahnhof Schorndorf Bus 243 nach Urbach, Haltestelle Banrain | Anfahrt B 29 Ausfahrt Urbach, Richtung Haubersbronn/Freibad, an letzter Einmündung vor Ortsausgang rechts in Straße Banrain/Freibad bis zum Waldparkplatz Hagsteige, von dort circa 100 Meter zu Fuß den Berg hinunter | Öffnungszeiten ganzjährig, geführte Wanderungen durch das Naturschutzgebiet jeden 2. So im Mai, Juni und Sept., Tel. 07181/800799 | Tipp Am Wanderparkplatz beginnt auch der 3,5 Kilometer lange Wald-Erlebnis-Lehrpfad Bärenbach.

27 Der Obstbaulehrpfad

Mit Käfer Anton unterwegs in den Streuobstwiesen

2017 war für den Obstbau ein desaströses Jahr. Außergewöhnlich hohe Temperaturen zu Beginn des Jahres führten dazu, dass die Obstbäume früher als üblich in voller Blüte standen. Dann kam Mitte April noch einmal Frost mit Temperaturen bis zu minus sieben Grad; der Großteil der Obstblüten verfror, die Apfelernte war so gering wie seit 30 Jahren nicht mehr. In »normalen« Jahren wachsen hier Äpfel, Birnen, Pflaumen, Zwetschgen und Kirschen, werden bis zu 30.000 Zentner Äpfel in den Saftereien und Mostereien abgeliefert.

Bis 1851 wurde auf dem Linsenberg noch Wein angebaut, war der Wein Lebensgrundlage. Die Überalterung der Rebstöcke, Frost- und Hagelschäden, Mehltau und die Reblaus, aber auch die Möglichkeit, mit Industriearbeit sicheres Einkommen zu erwerben, veränderten die Struktur in Urbach. Zwischen 1859 und 1916 wurden nach und nach alle fünf Keltern geschlossen, aus den ehemaligen Weinbergen wurden Streuobstwiesen. Dienten sie damals dem Eigenbedarf oder durch die Veredlung des Obstes zu Säften oder Schnaps als zusätzliche Einnahmequelle, werden sie heute als wertvolles Natur- und Kulturerbe angesehen, das mit seiner Vielfalt nicht nur das Landschaftsbild prägt, sondern auch einen Lebensraum für viele Tier- und Pflanzenarten bildet.

Über den Obstbau, die Gehölze, Ökologie und Landschaft der Streuobstwiesen informiert ein 1,2 Kilometer langer Lehrpfad auf dem Linsenberg. Es gibt im Remstal Obstbaulehrpfade, wie zum Beispiel im Schnaiter Rain (siehe Ort 62), auf denen weitaus mehr Hintergrundinformationen dargestellt sind. Der Charme des Lehrpfads Linsenberg liegt aber in den hübschen tönernen Informationstafeln, die von den Urbacher Töpferfrauen liebevoll hergestellt und gestaltet wurden. Kinder werden von Anton, einem Käfer in gestreiften Hosen, durch die Obstbaumwiesen begleitet. Im Winter werden die Tafeln eingelagert, damit sie ohne Schäden durch die Frostperioden kommen.

Adresse 73660 Urbach | **ÖPNV** ab Bahnhof Schorndorf Bus 243 bis Urbach Haltestelle Wittumhalle oder R2 bis Bahnhof Urbach | **Anfahrt** B29 Ausfahrt Urbach / Schorndorf Ost, zum Parkplatz Wittumhalle / Wittumstadion, von dort den Linsenbergweg hoch bis zur großen holzüberdachten Tafel gehen, die gleichzeitig Beginn und Ende des Rundweges markiert | **Tipp** Im März werden beim Urbacher Mostseminar im Schlosskeller die besten Moste des Jahres prämiert. Und am letzten April-Wochenende findet in Urbach der Remstäler Töpfermarkt statt.

28 Die 10 Hingerichteten

Innehalten auf dem Skulpturenrundgang

»Erinner' dich meiner … Die 10 Hingerichteten« – so heißt die Skulpturengruppe von Christoph Traub an der Stadtkirche. Das Werk ist eine von mittlerweile über 40 Arbeiten, die der Innenstadt Schorndorfs eine Facettenvielfalt geben, die weit über die adrette Fassade einer schmucken mittelalterlichen Fachwerkstadt hinausgeht. Sie sind nicht immer gefällig, manchmal provozierend, manchmal unbequem und wurden anfangs oft als Fremdkörper vor der malerischen Kulisse empfunden. Heute gehören sie ganz selbstverständlich zum Stadtbild. Der Skulpturenrundgang ist das Ergebnis dreier Bildhauer-Symposien, mit denen Schorndorf als Skulpturenstadt bekannt wurde.

»Die 10 Hingerichteten« erinnert an zehn Rädelsführer, die sich 1514 mit ihrem Bündnis »Armer Konrad« gegen die Willkür und ständige Erhöhung der Steuern durch Herzog Ulrich zur Wehr setzten. Schorndorf war eines der Zentren des Widerstandes, den der Herzog blutig niederschlagen ließ. Nach Haft und tagelanger Folter ließ er die zehn Rädelsführer mit dem Richtschwert enthaupten. Die meisten von ihnen wurden in ungebührlicher Pose an der Kirchhofsmauer wie Verbrecher verscharrt.

Damit der Mut dieser Männer nicht in Vergessenheit gerät, schuf der Schorndorfer Bildhauer Christoph Traub jedem einzelnen ein Denkmal. Auf frei stehenden, doppelseitigen Reliefs lässt er die Aufständischen aufrecht und mit kraftvoll erhobenen Armen wiederauferstehen. Erhaben, trotz des fehlenden Kopfes. Der Bildhauer konfrontiert den Betrachter mit der – ehrlichen – Haut jedes einzelnen Geschundenen. Im Zentrum der Skulptur, zwischen Brustbein und Nabel, sind die Vornamen der Hingerichteten angebracht. Hans, Ludwig, Michel. Aufgestellt wurden sie auf dem Kirchplatz. Dort, wo einst die Männer verscharrt wurden. Der Weg unserer Demokratie war voll der Opfer, und sie muss mit Mut erhalten bleiben – so das Anliegen des Künstlers.

Adresse Skulpturen-Rundgang ab Oberer Marktplatz 1, 73614 Schorndorf, »Die 10 Hingerichteten«: Kirchplatz Stadtkirche | **ÖPNV** S 2 bis Bahnhof Schorndorf, von dort circa 300 Meter zu Fuß | **Anfahrt** B 29 Ausfahrt Schorndorf-Innenstadt, parken am Marktplatz | **Tipp** Informationen über die Skulpturen gibt es auf www.kulturforum-schorndorf.de. Das Atelier von Christoph Traub befindet sich im Röhm (siehe Ort 34).

29_Der Apothekenkeller

Über 300 Jahre Apothekengeschichte

Eine Apotheke ist heute in der Regel hell und sachlich, die Regale gefüllt mit bunten Verpackungen, Kunststoffflaschen und -tiegeln. In einer historischen Apotheke wurden die Salben und Cremes noch von Hand angerührt, die Pillen von Hand gepresst und in Glas- oder Steingutflaschen abgefüllt – ein heute wieder sehr modernes Konzept. Die Gaupp'sche Apotheke verbindet Tradition und Moderne. Das verspricht schon die wandhohe Fotografie einer historischen Apotheke am Eingang. Und in der Tat: Im alten Gewölbekeller gibt es ein kleines Apothekenmuseum mit einer schönen, originalen Ausstattung von früher.

Die Geschichte der Gaupp'schen Apotheke geht zurück bis ins Jahr 1689. Als letzte Vertreterin der Familie leitete Rosemarie Gaupp den Familienbetrieb über fast vier Jahrzehnte bis zum Jahr 1986. Als sie 2009 starb, übernahmen die heutigen Besitzer Annette und Peter Gamm – und konnten gerade noch einen wertvollen Schatz vor der Entrümplung retten: den Nachlass der Rosemarie Gaupp, die komplette Apothekeneinrichtung mit Ladenschränken, Gläsern, Mörsern, handgeschriebenen Rezepten und Geschäftsbüchern. 300 Jahre Apothekengeschichte. Der Entschluss stand bald fest: Das Erbe sollte bewahrt werden und eine neue Heimat in dem Gewölbekeller unter der Apotheke finden. 2011 wurde das kleine Apothekenmuseum eröffnet. Seitdem führt Peter Gamm mehrmals die Woche durch den Keller und erzählt, mit welchen Mittelchen früher gegen welche Wehwehchen gekämpft wurde, zeigt, wie Cremes gerührt und Pillen gepresst werden. Oben stellt Annette Gamm in der Gaupp'schen Manufaktur Tees, wohltuende Öle und hochwertige Cremes in Handarbeit her – alles in Bio-Qualität nach heutigen Ansprüchen.

Den historischen Apothekenkeller kann man im Rahmen einer Führung besichtigen, für Kinder gibt es ein spezielles Programm, sie dürfen im Apothekerkittel eine eigene Creme, Seife oder Brausepulver herstellen.

Adresse Gaupp'sche Apotheke, Oberer Marktplatz 1, 73614 Schorndorf, Tel. 07181/939810, www.gauppsche-apotheke.de | **ÖPNV** S 2 bis Bahnhof Schorndorf, von dort circa 300 Meter zu Fuß | **Anfahrt** B 29 Ausfahrt Schorndorf-Innenstadt, parken am Marktplatz | **Öffnungszeiten** Mo–Fr 8–18.30 Uhr, Sa 8–13.30 Uhr, Kinderprogramm und Führungen nach Anmeldung | **Tipp** Die historische Altstadt steht unter Denkmalschutz. Mittelpunkt ist der schöne, von Fachwerkhäusern umgebene Marktplatz, an dem die Gaupp'sche Apotheke liegt.

30 Das Burgschloss

Einst stärkste Stadtfestung des Herzogtums

Ist es der Geist von General Butler, der durch die alten Mauern des Burgschlosses geistert? Etwas gruselig ist es schon in der »Unterwelt« der ehemaligen Schlossbastion. Der Gewölbekeller ist nur spärlich beleuchtet, die Schritte hallen, an den Wänden Spinnweben – und ein aufgemaltes Skelett. Hier wurde also der berühmte General gefangen gehalten, der zuerst an der Ermordung Wallensteins beteiligt und dann für die Zerstörung Schorndorfs verantwortlich war. 14 Stunden dauerte die Kanonade, eine Feuersbrunst breitete sich aus und zerstörte fast die ganze Stadt. Nur die Schlossbastion hielt der Belagerung stand. Kurz darauf starb Butler bei Schorndorf. Für seinen Sarg wurden die bleiernen Wasserleitungsrohre zum Schloss und zum Spital ausgegraben und eingeschmolzen.

Einst stand hier eine mittelalterliche Wasserburg. 1538 ließ Herzog Ulrich von Württemberg Schorndorf zur stärksten Festungsstadt des Herzogtums umbauen. Das Burgschloss in seiner heutigen Form mit den vier mächtigen Rundtürmen in den Ecken und der Bastion, von der nur noch Reste der Kasematten zu sehen sind, war von einem 30 Meter breiten, ummauerten Erdwall eingefasst. Ein 35 Meter breiter Wassergraben umgab die gesamte Anlage.

Hinter den mächtigen Außenmauern ziert ein schlichter Fachwerkbau einen kleinen, rechteckigen Innenhof. Hier lebte nicht nur eine ständige Besatzung, es standen auch einige Fürstengemächer für Besuche bereit. Im 18. Jahrhundert wurde das Burgschloss in eine Kaserne umgewandelt. Heute beherbergt es das Amtsgericht.

Und hoch oben, im Dachraum, haben seit einiger Zeit Fledermäuse Quartier bezogen. Zu Beginn des Frühjahrs bringt das Große Mausohr, die größte einheimische Fledermausart, hier ihre Jungen zur Welt und zieht sie groß. Fledermäuse sind sehr ortstreu und kehren immer wieder in ihre Wochenstubenquartiere zurück. Da die Fledermäuse streng geschützt sind, dürfen sie nicht umquartiert werden und haben somit Wohnrecht auf Lebenszeit.

Adresse Johann-Philipp-Palm-Straße, 73614 Schorndorf | ÖPNV S 2 bis Bahnhof Schorndorf, von dort circa 300 Meter zu Fuß | Anfahrt B 29 Ausfahrt Schorndorf-Innenstadt, parken im Parkhaus Bantel | Öffnungszeiten Schlosspark und Mauerreste der Bastion ganzjährig, Kellergewölbe nur im Rahmen der Führung »Spuk im Schloss«, Tel. 07181/6026000 | Tipp Die beste Aussicht auf die Stadt hat man von der VIU Skybar am Karlsplatz 1–3.

31 Das Daimler-Geburtshaus

Die Heimat des schwäbischen Tüftlers

Nostalgisch mit Biedermeier-Möbeln und Nachttopf unterm Bett darf man sich das Geburtshaus eines der wichtigsten Ingenieure und Visionäre des 19. Jahrhunderts nicht vorstellen. Das schmale Fachwerkhaus steht etwas versteckt in der Höllgasse, unweit des historischen Marktplatzes. Wo einst Brot gebacken und Wein ausgeschenkt wurde, empfängt nun ein lichtdurchfluteter Ausstellungsraum die Besucher. Allein das alte Fachwerkgebälk erinnert noch an die ehemalige Back- und Weinstube.

1787 hatte der Großvater das Haus in der Schorndorfer Altstadt gekauft. Am 17. März 1834 wurde Gottlieb Daimler als zweiter von vier Brüdern geboren. Schon als Realschüler konnte er sehr gut zeichnen. Zunächst erlernte der Bäckersohn jedoch das Büchsenmacher-Handwerk. 1853 ging Gottlieb Daimler ins Elsass, wo er eine zweite Lehre als Mechaniker machte, und studierte anschließend in Stuttgart Maschinenbau.

Auf zahlreichen Auslandsreisen erkannte er die begrenzten Möglichkeiten des Verkehrs. »Die Überfüllung der Züge beim Sommerreisen u. der Zwang der Bahnen war mir zuwider u. führte zum Gedanken der selbsttätigen Fahrerei etc.«, schrieb er in das Notizbuch seiner Russlandreise 1881. Die Idee der individuellen Mobilität war geboren.

Gemeinsam mit Wilhelm Maybach tüftelte er im Gartenhaus seiner Villa in Bad Cannstatt an einem leichten, schnelllaufenden Benzinmotor »zur allgemeinen Anwendbarkeit, besonders im Verkehrswesen«, den man zu Lande, zu Wasser und in der Luft einsetzen kann. Die Motorisierung in diesen drei Elementen symbolisiert noch heute der berühmte dreizackige Daimler-Stern.

Gottlieb Daimler starb am 6. März 1900 in Bad Cannstatt. Die Ausstellung zeigt neben einigen persönlichen Gegenständen Exponate, Modelle und Dokumente aus der Schaffenszeit dieses Mannes, der Technikgeschichte schrieb.

Adresse Höllgasse 7, 73614 Schorndorf | **ÖPNV** S 2 bis Bahnhof Schorndorf, von dort circa 200 Meter zu Fuß | **Anfahrt** B 29 Ausfahrt Schorndorf-Innenstadt, parken am Marktplatz | **Öffnungszeiten** Di–Fr 14–17.30 Uhr, Sa, So und an Feiertagen 11–17 Uhr | **Tipp** Die Stadt veranstaltet eine Kostümführung »Auf den Spuren von Gottlieb Daimler« (Tel. 07181/6026000). In Bad Cannstatt kann die Werkstatt im Gartenhaus besichtigt werden, und im Mercedes-Benz Museum erlebt man mehr als 130 Jahre Automobilgeschichte.

32 Das Kesselhaus

Hausgebrautes Bier in historischem Industriegebäude

»Loisl« und »Wusele« bestellt man hier, während der Blick über die beeindruckende Brauanlage schweift, die inmitten des Gastraumes steht. Direkt hier werden mit der modernen Zwei-Geräte-Anlage nach dem Reinheitsgebot von 1516 aus Hopfen, Wasser und Malz die hauseigenen und naturbelassenen Sorten gebraut. »Loisl« ist ein untergäriges Bier nach Pilsner Art, und das »Wusele« ein obergäriges Hefeweißbier. Damit der Geschmack der Grundprodukte am besten erhalten bleibt, wird auf eine zusätzliche Filtration und Erhitzung verzichtet.

Auf den Teller beziehungsweise in die Schüssel kommen Flädlesüpple, Kässpätzle, Maultaschen, Rostbraten oder Schupfnudeln – lokale Spezialitäten, die das Schwabenherz höherschlagen lassen. Aber auch Steak in allen Größen und Varianten, Fisch, vegetarische oder vegane Gerichte stehen auf der Karte.

Das Industriegebäude selbst wurde erst 2001 zur Brauerei umgebaut. Ursprünglich wurde es 1895 als Kesselhaus für den Betrieb der Arnold-Werke errichtet, die seit 1871 in Schorndorf gusseiserne Gartenmöbel produzierten. Der erzeugte Wasserdampf hat die Maschinen für die Möbelproduktion angetrieben, aber auch die Betriebsgebäude mit Wärme und Energie versorgt. Wo heute in der Mitte des Hauptraumes der Braukessel steht, stand damals ein Heizkessel. Damit im Falle einer Verpuffung aus dem Kessel oder der Feuerung nicht gleich das gesamte Gebäude in die Luft ging, wurden in die Kesselhäuser verglaste Seitenfronten eingebaut, durch die im Notfall die Druckluft entweichen konnte.

Das von Louis und Carl Arnold 1871 in Schorndorf gegründete Werk eröffnete 1889 ein Zweigwerk in Stendal, das noch heute Stahlrohrmöbel von Weltruf herstellt. Das Arnold-Areal wurde 1998 aufgegeben und ging in den Besitz der Stadt Schorndorf über. In dem alten Industriegebäude befindet sich nun die einzige Gasthausbrauerei im Rems-Murr-Kreis.

Adresse Arnoldstraße 3, 73614 Schorndorf, Tel. 07181/484933, www.kesselhaus-schorndorf.de | **ÖPNV** S 2 bis Bahnhof Schorndorf, von dort circa 500 Meter zu Fuß | **Anfahrt** B 29 Ausfahrt Schorndorf-Innenstadt, Parkhaus Arnold Galerie oder Parkhaus Bantel | **Öffnungszeiten** Mo–Do 11–22 Uhr, Fr, Sa 11–23 Uhr, So und Feiertag 11–21 Uhr | **Tipp** Walter Arnold, Sohn des Firmengründers der Arnold-Werke, wurde Ehrenbürger der Stadt Schorndorf, weil sein mutiges Handeln 1945 die Zerstörung der Stadt verhinderte. Eine Gedenktafel befindet sich an der Walter-Arnold-Brücke.

33 Der Club Manufaktur

Clubtradition im Geiste der 68er

Die 68er – das müssen wilde Jahre gewesen sein. Linkspolitische Proteste an den Hochschulen, Protestaktionen gegen den Vietnamkrieg, Gewalt und sexuelle Befreiung. Der politische Aufbruch wird gern zum Mythos erklärt. Abseits der Hochschulen und der großen Städte waren die 68er vielmehr eine Jugendbewegung, die gegen bestehende Hierarchien und die Borniertheit der kleinbürgerlichen Gesellschaft kämpfte, bestehende Autoritäten hinterfragte und für eine bessere Welt mit neuen Werten und Lebensformen eintrat. In Clubs und Musiktreffs entstanden Treffpunkte und Freiräume, wo Jugendliche jenseits der Kontrolle durch Eltern und Lehrer frei diskutieren, tanzen und Musik hören konnten. Sie boten neben Jazz und Beat auch Kunst, Filme, Lesungen und politische Veranstaltungen.

Solch ein Club wurde 1967 rund 30 Kilometer östlich der Landeshauptstadt von sieben jungen Männern rund um Werner Schretzmeier im Keller einer ehemaligen Porzellanmanufaktur gegründet. Die Manufaktur entwickelte sich zu einem Treffpunkt der alternativen Szene aus dem ganzen Land und lockte die angesagtesten Bands aus dem progressiven Jazz, Avantgarde-Rock, Hardrock bis hin zum Folk nach Schorndorf: Die Heavy-Metal-Mitbegründer Black Sabbath, Blueslegende Champion Jack Dupree, Alternative-Country-Star Townes van Zandt oder Artrocker John Cale standen in der Manufaktur auf der Bühne. Aber auch der Aktivist Rudi Dutschke, Autor Gerhard Zwerenz und der Publizist Roger Willemsen zählten zu den Gästen.

1993 zog die Manufaktur in einen Neubau im Stadtteil Hammerschlag. Der Club Manufaktur ist nach wie vor eine wichtige Säule in Schorndorfs Kulturleben. Ganz im Geiste der 68er-Bewegung umfasst das Programm neben innovativer und auch frei improvisierter Livemusik nach wie vor Lesungen, Vorträge und Podien zu aktuellen gesellschaftlichen Themen, die zur Diskussion und Meinungsbildung einladen.

Adresse Club Manufaktur e.V., Hammerschlag 8, 73614 Schorndorf, www.club-manufaktur.de | **ÖPNV** S 2 bis Bahnhof Schorndorf, von dort 11 Minuten zu Fuß | **Anfahrt** B 29 Ausfahrt Schorndorf-Innenstadt, Stuttgarter Straße, Grabenstraße bis Hammerschlag | **Öffnungszeiten** Kneipe: Mi, Do, So 18–22 Uhr, Fr und Sa 18–23 Uhr | **Tipp** Ein Hingucker ist das über und über mit grün-blauen Graffiti besprühte Jugendzentrum Hammerschlag nebenan. Gerockt wird auch beim Zeltspektakel in Winterbach (www.zeltspektakel.de).

34 Das Röhm

Eine ehemalige Rossgerberei

Es gab Zeiten, da wurden alte Industriegebäude einfach plattgemacht. Dabei besitzen viele dieser Gebäude eine Ästhetik und Baukultur, die es zu erhalten lohnt. Die alte Rosslederfabrik in Schorndorf ist so ein Beispiel. Beeindruckende 14 Gebäude umfasst das Areal und lässt erahnen, welche Bedeutung die Fabrik einst hatte, als im Röhm bis zu 350 Menschen arbeiteten und die Lederindustrie die Stadt prägte.

1537 wurden die ersten Gerber in Schorndorf urkundlich erwähnt, 1720 hatten sich bereits 27 Rotgerbereien niedergelassen, die in der Regel aus einem Meister und zwei Gesellen bestanden. Sie stellten aus Rinderhäuten Leder für Schuhe her. Durch die Gerbung mit Eichenlohe erhielt es seine typische rotbraune Farbe.

Damals war das Gerben von Rosshäuten im süddeutschen Raum noch unüblich. Während bei Rindsleder die Narbenseite als Außenleder dient, wird beim Rossleder die Fleischseite der Haut zur Außenseite verarbeitet. Gottlob Schmid erlernte das Gerben von Rosshäuten in Dänemark. 1866 gründete er die Rosslederfabrik in Schorndorf, die nach seinem Tod von Hermann Röhm übernommen wurde. 1973 wurde die Produktion eingestellt. Durch den Wegfall der schweren Arbeitspferde sind geeignete Pferdehäute heute sehr rar und teuer und werden nur noch von wenigen Spezialgerbereien in den USA verarbeitet.

Jürgen Groß, Enkel von Hermann Röhm, will das Areal erhalten und behutsam modernisieren. Anstelle der Gerber sind bereits Künstler, Architekten, Dienstleister und Designer in die Backsteingebäude eingezogen. Die vorhandenen Maschinen und technischen Ausstattungen wie Dampfkessel, Turbinen, Transmissionen und Walkfässer sollen in ein Museum integriert werden. Es gibt noch viel »Potenzial«, so der Eindruck, wenn man am Museumstag durch die alten Gebäude und über knorrige Dielen streift, mit Spinnweben an den Balken und zerbrochenen, fast blinden Fensterscheiben …

Adresse Weilerstraße 6, 73614 Schorndorf | ÖPNV S 2 bis Bahnhof Schorndorf, von dort 550 Meter zu Fuß | Anfahrt B 29 Ausfahrt Schorndorf-Weiler, Stuttgarter Straße bis Weilerstraße folgen | Öffnungszeiten am Tag des offenen Denkmals, sonst auf Anfrage, Tel. 07181/72020 | Tipp In den renovierten Räumen befindet sich neben Ateliers und Werkstätten von Künstlern und Kunsthandwerkern auch ein Reiterlädle.

35 Die Schwäbische Waldbahn

Eine der steilsten und schönsten Bahnstrecken

Halb zehn am Bahnhof Schorndorf: Das schwarze Stahlross schnaubt, stößt eine Dampfwolke hinaus und setzt sich langsam in Bewegung. Die Dampflokomotive vom Typ 64 419, die 1937 von der Maschinenfabrik Esslingen gebaut wurde, muss bereits am Vortag angeheizt werden, um rechtzeitig auf Betriebstemperatur zu kommen. Rund neun Tonnen Kohle werden im Laufe eines Fahrtages in den Heizkessel geschaufelt. Die 950-PS-Lok kann bis zu 90 Stundenkilometer fahren, auf der steilen Strecke nach Welzheim ist allerdings nur eine Geschwindigkeit von 30 Stundenkilometer machbar.

1911 wurde die Strecke eröffnet, um Welzheim als letzte Oberamtsstadt im Königreich Württemberg an die »große weite Welt« anzuschließen. Die 22,9 Kilometer lange Bahnlinie von Schorndorf hinauf nach Welzheim ist eine der steilsten Bahnstrecken in Württemberg und stellte die Konstrukteure vor besondere Herausforderungen. Drei tiefe Täler mussten durch Viadukte überbrückt werden – bei einer maximalen Steigung von 1:40.

Das Schöne an den alten Bahnen ist, dass sich in den original restaurierten Wagen die Fenster öffnen lassen und man den Kopf hinausstrecken kann. Bergauf sollte man sich rechts ans Fenster setzen, dann reicht der Blick weit ins Tal, in romantische Schluchten, vorbei an plätschernden Mühlen und Wasserfällen und durch dichte Wälder. Nimmt man den hinteren Wagen, sieht man in der Kurve des Strümpfelbachviaduktes den ganzen Zug mitsamt der Lok. Der 121 Meter lange und 25 Meter hohe Viadukt mit seinem engen 200-Meter-Radius ist einer der Höhepunkte der Fahrt.

Die Bahnhöfe entlang der Strecke sind kleine Schmuckstücke. Sie wurden im Jugendstil erbaut – das gibt es nur im Wieslauftal. Sie alle stehen, wie die gesamte Strecke, unter Denkmalschutz. Hier kann man, wenn man will, aussteigen und den Weg zu Fuß fortsetzen.

Adresse Bahnhof Schorndorf, www.schwaebische-waldbahn.de | **Anfahrt** B 29 Ausfahrt Schorndorf-Innenstadt | **Öffnungszeiten** Fahrzeiten Mai – Okt. ab Schorndorf 9.30/12.30/16.00 Uhr, Kartenvorverkauf: Stadtinfo Schorndorf, Marktplatz 1 (So geschlossen) | **Tipp** Von Rudersberg führt der 14,5 Kilometer lange Bahnerlebnispfad entlang der Strecke bis Welzheim.

36 Die Weiber von Schorndorf

Standhafte Frauen verhinderten die Kapitulation

Die Sage der treuen Weiber von Weinsberg ist wohl den meisten bekannt – aber auch in Schorndorf haben Weiber eine wichtige Rolle in der Geschichte der Stadt gespielt. Sie haben 1688 die Übergabe der Festung Schorndorf an die Franzosen verhindert.

1688 war ein günstiges Jahr für den französischen König Ludwig XIV.: Herzog Eberhard Ludwig war noch unmündig, und die Truppen des schwäbischen Kreises kämpften mit Kaiser Leopold I. gegen die Türken. In dieses Machtvakuum stießen die französischen Truppen vor, überfielen das rechtsrheinische Gebiet und zogen nach Württemberg. Um Stuttgart vor Brand und Plünderung zu retten, versuchte die Herzogin-Witwe Magdalene Sibylle alle Forderungen der Angreifer zu erfüllen, so auch die Übergabe der mächtigen Landesfestung Schorndorf. Der Festungskommandant Oberstleutnant Johann Günther Krummhaar war jedoch fest entschlossen, mit seinen 200 Mann die Festung gegen den berüchtigten französischen Brigadier Ezéchiel Comte de Mélac zu verteidigen.

Aus Stuttgart waren inzwischen zwei Abgesandte mit dem Befehl zur Kapitulation eingetroffen. Die Ratsherren drohten einzuknicken. In dieser kritischen Lage rotteten sich die Schorndorfer Frauen unter der Führung von Anna Barbara, der Ehefrau des Bürgermeisters Walch, zusammen und stürmten bewaffnet mit Mistgabeln, Messern, Bratspießen und Hellebarden das Rathaus. Sie hielten die Stuttgarter Unterhändler drei Nächte und zwei Tage fest und konnten so die Übergabe der Stadt so lange verhindern, bis die kaiserlichen Truppen zu Hilfe kamen. Mélac zog sich kampflos zurück. Die Standhaftigkeit der Bürger und der Mut der Schorndorfer Frauen hatten die Stadt gerettet.

Die Weiber von Schorndorf wurden in Sagen und Balladen verewigt. Auf der Rückseite des Schorndorfer Rathauses erinnert ein Natursteinmosaik an die Erstürmung der Ratsstube.

Adresse Marktplatz, 73614 Schorndorf | **ÖPNV** S 2 bis Bahnhof Schorndorf, von dort 5 Minuten zu Fuß | **Anfahrt** B 29 bis Schorndorf, Parkplätze am Bahnhof | **Tipp** Auf der anderen Seite des Rathauses am Marktplatz mit seinen schönen Fachwerkhäusern steht das ehemalige Wohnhaus der Barbara Walch-Künkelin (Marktplatz 4).

37_Das Ziegelei SeeBad

Ein echtes Bio-Natur-Bad

Obwohl das Ziegelei SeeBad in Schorndorf an Ursprünglichkeit und Originalität eingebüßt hat, seit 2008 gleich nebenan das moderne Oskar Frech SeeBad mit seiner Freizeitlandschaft gebaut wurde, ist es dennoch nach wie vor etwas Besonderes: ein Bad mit »natürlichem« Wasser.

Das Becken des Ziegelei SeeBades ist eine ehemalige Lehmgrube der 1632 gegründeten Dampfziegelei G. Groß, die einer der leistungsfähigsten Hersteller von Dachziegeln in Süddeutschland war. 1974 wurde die Produktion eingestellt, die meisten Betriebsgebäude abgerissen und das Gelände von der Oskar Frech GmbH übernommen. Die ehemalige Lehmgrube wurde nicht mehr gebraucht, und durch einfließendes Quellwasser entstand der Ziegeleisee mit einer Fläche von 8.500 Quadratmetern. Ein Teil des Sees wurde für die Schwimmer optisch abgetrennt und mit Holzplanken und Liegeflächen eingefasst. So entstand eine Schwimmfläche von 3.100 Quadratmetern – das moderne Freizeitbad nebenan kommt gerade einmal auf ein Drittel der Fläche.

Im restlichen See wachsen Seegras und Seerosen und sorgen dafür, dass das ökologische Gleichgewicht des Sees erhalten bleibt. Die Pflanzen halten das Wasser algenfrei und sauber, indem sie die Nährstoffe herausfiltern und für das eigene Wachstum verwenden. So entziehen sie den Algen die Lebensgrundlage. Nehmen Algen überhand, kann sich das Wasser grün färben. Um dies zu verhindern, wurde zusätzlich ein Filtersystem eingebaut. Pumpen wälzen das Wasser nun so um, dass die Pflanzen ihre Wirkung entfalten können. Auf diese Weise wird das Seewasser rein biologisch und mechanisch geklärt, und der Schwimmer kann stets ungetrübt bis auf den Boden sehen. So hat man beides: reines, nicht gechlortes Quellwasser in einem ungekachelten, natürlichen Becken und die Infrastruktur eines Freibades mit Duschen, Umkleideräumen, einem Kiosk und einer großen Liegewiese unter schattigen Bäumen.

Adresse Lortzingstraße 60, 73614 Schorndorf | **ÖPNV** S 2 bis Bahnhof Schorndorf, von dort circa 20 Minuten zu Fuß oder Bus 242, Haltestelle Haydnstraße / Bäder | **Anfahrt** B 29 Ausfahrt Schorndorf-West / Schorndorf-Weiler, über Schorndorfer Straße, Burgstraße und Johannesstraße | **Öffnungszeiten** während der Saison Mo – So 10 – 20 Uhr | **Tipp** Der größte Baggersee der Region liegt bei Plüderhausen.

38 Der Ebnisee

Einst wichtigster Schwellweiher der Remstal-Flößerei

Zugegeben: Der Ebnisee liegt nicht mehr im Remstal, sondern schon im Schwäbisch-Fränkischen Wald. Und dennoch war dieser See im 18. Jahrhundert von entscheidender Bedeutung für die Holzwirtschaft im Remstal. So idyllisch der Ebnisee auch im Wald liegt – er ist nicht natürlich entstanden.

Als Anfang des 18. Jahrhunderts Herzog Eberhard Ludwig von Württemberg in Ludwigsburg seine Residenz baute und drum herum eine Garnisonsstadt entstand, stieg der Holzbedarf aus dem Schorndorfer Forst. Allerdings machten damals zahlreiche Mühlwehre an der Rems das Flößen unmöglich. Per Dekret mussten ab 1715 die Wehre abgebaut oder Floßgassen geschaffen werden. Um noch mehr Holz über die Rems transportieren zu können, wurden in der Mitte des 18. Jahrhunderts an vier Zuflüssen Floßseen angelegt. So hat man auch die Wieslauf bei Ebni angestaut, und es entstand der 6,7 Hektar große Ebnisee, der bedeutendste der Schwellweiher. Wurde die Schleuse geöffnet, konnte man mit der gesammelten Wassermenge ungefähr eine Woche flößen. Im Sommer lag der See dann trocken und wurde als Wiese und Weide genutzt.

Die Remstal- und später die Wieslauftalbahn machten die Flößerei überflüssig, sie wurde 1861 eingestellt. So konnte der See wieder aufgestaut werden. Er dient heute dem Hochwasserschutz und der Stromgewinnung aus Wasserkraft – und als beliebtes Ausflugsziel. Es gibt auf dem 1,5 Kilometer langen Rundweg um den See mehrere Badeplätze und Grillstellen, zwei Biergärten und einen Bootsverleih, zwei Hotels und einen Biker-Treff.

Das Hotel wurde bereits 1756 als Flößergaststätte eröffnet, das Wirtshaus kam 1913 als sommerliches Ausflugsziel dazu. Sechs Generationen später nahm die Hotelgeschichte durch Erbstreitigkeiten ein unrühmliches Ende. Inzwischen sind beide Häuser verkauft und sollen unter neuen Besitzern wieder an die alten Glanzzeiten anknüpfen.

Adresse Welzheimer Wald, Winnender Straße, 73667 Kaisersbach | ÖPNV Bus 265 ab Schorndorf, Fahrt dauert allerdings 1:40 Stunden | Anfahrt B 29 Ausfahrt Schorndorf/Rudersberg/Welzheim, Beschilderung folgen | Tipp Nehmen Sie den Rückweg über Rudersberg, dann haben Sie eine schöne Rundtour. Oder per Rad ab Schorndorf über die 48 Kilometer lange Wieslauftal-Radrunde.

39_Das Arboretum

Riesen-Mammutbäume aus der Wilhelma-Saat

Revierförster Zaiser war ein rühriger Mann. Er schuf auf dem »Goldboden«, dort wo sich das alte Kaisersträßle und die Straße von Winterbach nach Esslingen kreuzen, gleich mehrere bleibende Erinnerungsorte.

1841 begann Zaiser, in seinem Revier am Engelberg eine Pflanzschule und ein Arboretum anzulegen. Der goldgelbe, tonige und fruchtbare Liasboden bot ideale Voraussetzungen. So pflanzte Zaiser hier »hundert Hartig'sche Holzarten« nach der Lehre von Georg Ludwig Hartig, der als »Pionier der Forstwirtschaft und Forstwissenschaften« und als »entschiedener Verfechter des Prinzips der Nachhaltigkeit« gilt. Ihm zu Ehren ließ Zaiser auch einen Gedenkstein aufstellen.

Einige der Bäume im Arboretum sind auch heute noch mit Tafeln bezeichnet: Weißtanne, Tulpenbaum, Kiefern – und mehrere Wellingtonien. König Wilhelm I. ließ nach deren Entdeckung 1864 Samen aus Kalifornien liefern. Die Mammutbäume stammen aus der Sierra Nevada und zählen zu den eindrucksvollsten, ältesten und mächtigsten Bäumen der Erde. Aus den Samen wurden in der Wilhelma 5.000 bis 8.000 Pflanzen vorgezogen und dann 1865/66 als ein- bis zwei-jährige Jungbäume an exponierten Stellen im Land ausgepflanzt. Von dieser ersten »Wilhelma-Aussaat« stehen im Remstal heute noch Wellingtonien in Welzheim, Lorch und fünf auf dem Goldboden. Auch jüngere Exemplare finden sich hier und an zahlreichen anderen Orten im Remstal.

Die nunmehr 150 Jahre alten Wellingtonien am Goldboden haben eine Höhe zwischen 30 und 38 Metern und einen Durchmesser von bis zu 1,50 Metern. Sie sehen ein wenig struppig aus, Blitzeinschläge haben ihre Baumkronen beschädigt. Der größte lebende Riesenmammutbaum, der 3.500 Jahre alte General Sherman Tree, ist 83,8 Meter hoch, hat einen Durchmesser von 11,1 Metern und steht im Giant Forest im Sequoia Nationalpark. Auf diese Höhe kommen hier nur die drei Windräder, die seit Kurzem auf dem Goldboden stehen …

Adresse Goldboden, 73650 Winterbach-Manolzweiler | **ÖPNV** Bus 106 (oder Bus 149 via Manolzweiler) Richtung Esslingen, Haltestelle Goldboden | **Anfahrt** B 29 bis Ausfahrt Winterbach, L 1150 hinter Engelberg an der Kreuzung Richtung Manolzweiler, Wanderparkplatz an der Straße Richtung Baltmansweiler | **Tipp** Als weiteres Denkmal steht neben der Wilhelmseiche das Goldbodendenkmal – beide wurden zu Ehren König Wilhelm I. zum 25-jährigen Regierungsjubiläum gebaut beziehungsweise gepflanzt. Am Wanderparkplatz Engelberg beginnt der Landart Kunstpfad des Winterbacher Künstlers David Klopp.

40 Die Julie-Palmer-Stube

Aus dem Leben der Winterbacher Heimatdichterin

Eine Stube, ausgestattet mit Erinnerungsstücken, dem schriftlichen Nachlass und Möbeln aus der Zeit, als Julie Kern in Winterbach lebte – und schrieb. Lange war nicht bekannt, dass sich hinter dem Pseudonym J. Palmer die Winterbacher Heimatdichterin Julie Kern verbirgt. In schwäbischer Mundart schrieb sie Gedichte, Erzählungen, kleine Theaterstücke und die Romane »D' Molerna« (Die Malerinnen – ein schwäbischer Dorfroman) und »In der Luftkur« (ein im Schwäbischen Wald spielender Roman auf Hochdeutsch).

Julie Kern wurde am 6. Januar 1858 in Winterbach geboren und verbrachte ihre Jugend im Gasthof »Adler« als Jüngste einer kinderreichen Familie. Julie war begabt und belesen. Nach der Dorfschule besuchte sie die höhere Töchterschule in Schorndorf. Ihre Brüder studierten und brachten in den Ferien ihre Freunde mit nach Hause. So war im Haus und in der Gaststube immer viel Leben. Nach dem Tod des Vaters nahm Julie in Stuttgart eine Stelle als Hauslehrerin an, nach dem Tod der Mutter kehrte sie zurück und zog mit ihrer älteren Schwester zusammen. Hier begann sie zu schreiben.

Das Dorfleben bot reichlich Anregungen, und so spielen die meisten ihrer Erzählungen in und um Winterbach. Sie beobachtete ihre Mitmenschen genau und zeichnete mit ihrem humorvollen, lebendigen Stil ein Bild vom Geschehen in einem kleinen Dorf der Jahrhundertwende. Sie hielt nicht nur die Atmosphäre von Alt-Winterbach fest, sondern zeigte auch die gesellschaftlich-kulturellen Widersprüche ihrer Zeit auf.

Deshalb entschied sie sich für ein Pseudonym und gab ihrem Dorf und den Figuren erfundene Namen – bis auf ein einziges Mal: In dem Gedicht »Wie Wenterbach sich gmacht hot« verzichtete sie auf die »Tarnung«. Spätestens seit diesem Gedicht wusste man im Dorf, wer sie war und was sie tat.

Julie Kern starb am 9. August 1938. 1984 wurde ihr mit der Stube eine Gedenkstätte eingerichtet.

Adresse Dorf- und Heimatmuseum, Herdfeld 5, 73650 Winterbach | ÖPNV S 2 bis Bahnhof Winterbach, von dort circa 4 Minuten zu Fuß Richtung Marktplatz und in die Westergasse einbiegen | Anfahrt B 29 Ausfahrt Winterbach, Ritterstraße bis Westergasse | Öffnungszeiten Führungen jeden 2. So im Monat 14.30 Uhr | Tipp Ihre Grabstätte befindet sich auf dem Alten Friedhof an der Falkenstraße, an ihrem Geburtshaus, dem Gasthof Adler in der Schorndorfer Straße 1, hängt eine Gedenkplakette.

41 Das Kiesschiff

Das vermutlich letzte Kiesschiff im Remstal

Was liegt denn da auf der Böschung am Ortsrand von Winterbach? Ein Boot? Es ist das »vermutlich letzte Kiesschiff aus dem Remstal«, so die Infotafel. Der fast 20 Meter lange, stählerne Schiffskörper lag lange Zeit von Unkraut und Hecken überwuchert am Ufer des ehemaligen Baggersees ganz in der Nähe und rostete vor sich hin. Bis er von Historikern und Heimatpflegern aus Winterbach gerettet wurde, als ein Stück Heimat- und Wirtschaftsgeschichte einer fast vergessenen Zeit, als die Kiesgewinnung im Remstal ein wichtiger Wirtschaftszweig war.

In den verlandeten Seitenarmen und den einst reichlich vorhandenen Schlingen der Rems lagerte sich viel Kies ab. Und die Nachfrage nach Kies war in den Wirtschaftswunderjahren hoch. Er wurde als Baumaterial in den neuen Siedlungen und Industriegebieten in den Städten und Gemeinden entlang der Rems dringend benötigt und bildete so die Lebensgrundlage für viele Familienbetriebe und Bauunternehmen.

Schon vor 100 Jahren bauten die Remstäler den Kies am Ufer ab, damals noch in mühsamer Handarbeit mit der Schaufel. Nach dem Zweiten Weltkrieg kamen mächtige Schwimmbagger mit an Ketten befestigten Schaufeln zum Einsatz. Das Material wurde dann in Schiffe wie dieses geschüttet, die den Kies zu den Umlade- und Waschstationen ans Ufer gefahren haben. Dort, wo die Rems in Jahrmillionen in alten Flussschleifen ganze Gesteinsschichten zermahlen und die Steine rund geschliffen hat, sind die großen Baggerseen entstanden. Fast 100 Jahre lang dienten diese der Kiesgewinnung, bis es Ende der 60er Jahre zum Niedergang der Kieswirtschaft im Remstal kam. Günstigere Abbaumethoden im Rheingraben und schnellere Transportwege machten einen Abbau im Remstal unrentabel. Es blieben die Baggerseen, die heute beliebte Bade-, Angler- und Naturschutzreviere sind – wie in Plüderhausen und Waldhausen.

Adresse Ortsausgang 73650 Winterbach, Ostlandstraße, direkt an der Remstal-Radroute | **ÖPNV** S 2 bis Bahnhof Winterbach, von dort 1,2 Kilometer Fußweg | **Anfahrt** B 29 Ausfahrt Winterbach, bis Ostlandstraße | **Tipp** Ein Stück weiter am Radweg Richtung Schorndorf gibt es am kleinen ehemaligen Baggersee auch eine alte Kies-Förderanlage zu entdecken.

42 Das quergeteilte Einhaus

Leben und Wirtschaften unter einem Dach

Leben und arbeiten unter einem Dach – was heute wieder modern ist, war im 18. Jahrhundert die gängige Lebens- und Arbeitsform. Großeltern, Eltern, Kinder und die ledigen Mitglieder der Familie sowie Mägde, Knechte und die Tiere lebten unter einem Dach, im sogenannten Einhaus. Ein Einhaus erkennt man an der durchlaufenden Firstlinie, die alle Gebäudeteile miteinander verbindet. Sind Wohn- und Wirtschaftsbereich zwar unter einem Dach, aber trotzdem strikt voneinander getrennt, spricht man von einem »quergeteilten Einhaus«.

Solch ein quergeteiltes Einhaus steht im Ortszentrum von Winterbach, etwas versteckt in einer Seitenstraße. Schon von außen wirkt das 1776 erbaute Fachwerkhaus sehr stattlich, es ist mit insgesamt sechs Ebenen vom Keller bis zum Spitzboden das größte Haus im Ort und zeugt vom Wohlstand seiner Besitzer. 1910 wurde an der Südwestseite eine Altenteil-Wohnung angebaut. Geht man durch das Gartentörchen in den Obst- und Bauerngarten und schaut sich das Haus von hinten an, fällt der durch den Anbau unsymmetrische Grundriss des Gebäudes ins Auge.

1975 hat die Stadt das »Haus Dobelmann« erworben und ein Dorf- und Heimatmuseum eingerichtet. So kann man das Haus jeden zweiten Sonntag im Monat auch von innen besichtigen. Und zu besichtigen gibt es viel: Manche der Stuben sind originalgetreu eingerichtet, in anderen vermitteln Haus- und Arbeitsgeräte anschaulich das Leben unserer Vorfahren. So gibt es Spinnrad und Dreschflegel, eine Wein- und Mostpresse und eine Waschküche. In dem ehemaligen Stall ist heute das Museumscafé eingerichtet. Im Sommer sitzt man gemütlich im großen Obst- und Bauerngarten – dem wohl schönsten im ganzen Remstal. Eine Besonderheit ist das Backhaus: Wegen der Brandgefahr wurden 1808 private Backhäuser verboten und stattdessen öffentliche Gemeindebacköfen eingerichtet. Das Backhaus dürfte es also eigentlich gar nicht mehr geben …

Adresse Herdfeld 5, 73650 Winterbach | ÖPNV S 2 bis Bahnhof Winterbach, von dort circa 4 Minuten zu Fuß Richtung Marktplatz und in die Westergasse einbiegen | Anfahrt B 29 Ausfahrt Winterbach, Ritterstraße bis Westergasse | Öffnungszeiten Führungen jeden 2. So im Monat 14.30 Uhr, Bauerngarten jeden So | Tipp Zum Museum gehören auch ein Hafnerhäusle, der Geräteschuppen des Totengräbers auf dem Friedhof und das Quellhäuschen der Weiherbrunnen-Quelle.

43 Der Schulhaus-Gedenkstein

Ein Schulhaus wird zum Grab

An der Mauer der Michaelskirche erinnert ein Gedenkstein an ein Unglück, das vor 85 Jahren in Winterbach geschehen ist.

Am 5. Mai 1934 senkt sich während des Unterrichts plötzlich im Klassenzimmer von Hauptlehrer Kohnle im östlichen Teil des ersten Stockes der Fußboden, der mittlere Teil des Schulhauses bricht krachend in einer Wolke aus Staub auf die Straße und reißt die Hälfte der Schulbänke mit in die Tiefe. Drei Klassen mit 121 Schülerinnen und Schülern und drei Lehrern befinden sich zu diesem Zeitpunkt in dem Gebäude am Kronenbergele neben der Michaelskirche. Geistesgegenwärtig schickt Lehrer Kohnle sofort die Schüler nach draußen, aber nur der Fluchtweg über die nach Süden hin stehen gebliebenen Fenster führt in die Freiheit. Diejenigen, die den normalen Ausgang nehmen, werden unter den herabstürzenden Trümmern begraben. Lehrer Kohnle bleibt bis zuletzt bei den Kindern, er wird später von einem Klavier erschlagen aufgefunden. Oberlehrer Binz wurde ebenfalls verschüttet, kam aber mit dem Leben davon. Neben Fritz Kohnle starben sieben Schüler im Alter von neun bis zwölf Jahren. Kohnle soll wenige Tage vor dem Unglück noch gegenüber seiner Klasse geäußert haben: »Buben, die Schule wird noch unser Grab!«

Hinweise auf Standfestigkeitsprobleme des 1603 errichteten Gebäudes hatte es schon 1928 gegeben, als der Fußboden über einer Kellertreppe einbrach. Wegen Geldmangel und vermeintlich wichtigerer Projekte wurde eine Sanierung aber immer wieder aufgeschoben. Arbeiten an der neuen Kanalisation unmittelbar neben der Schule führten dann zum Einsturz.

2002 fand der Rektor bei der Renovierung des neuen Schulhauses durch Zufall einen alten Karton mit Berichten von den Eltern der 114 überlebenden Schüler, die gebeten worden waren zu schildern, wie sie das Unglück erlebt und verarbeitet haben.

Adresse Marktplatz, 73650 Winterbach | **ÖPNV** S 2 bis Bahnhof Winterbach, von dort circa 5 Minuten zu Fuß | **Anfahrt** B 29 Ausfahrt Winterbach, über Ritterstraße bis Marktplatz | **Tipp** Der Schulhauseinsturz ist auch Thema im Dorf- und Heimatmuseum im Herdfeld 5. Auf dem Friedhof erinnert ein Grabstein an das Unglück.

44 Die Struvebrücke

Holzbrücke in neuem Gewand

In Amerika sind sie ganz verrückt nach überdachten Holzbrücken, den »covered bridges«. Es gibt zahlreiche Touren, Internetseiten und interaktive Karten mit den schönsten, beliebtesten, »most beautiful covered bridges«. Auch in Winterbach gibt es solch eine überdachte Holzbrücke: die Struvebrücke.

Bereits die ersten Brücken wurden aus Holz gebaut, und war es auch nur ein Baumstamm, den man über einen Bach legte. Im Mittelalter baute man vorwiegend Fachwerkbrücken. Da deren Tragwerk ungeschützt der Witterung ausgesetzt war, begann man, sie mit einem Dach und Seitenwänden zu versehen. Aber erst mit dem Aufkommen der Eisenbahnen und Industrialisierung verlor Holz als Baustoff an Bedeutung.

Die Struvebrücke wurde 1992 als Fachwerkkonstruktion mit einer Stützweite von 33,60 Metern gebaut. Auch sie hat zum Schutz vor Verwitterung ein Dach erhalten. Allerdings wurde bei einer Brückenprüfung 2012 festgestellt, dass einige Bereiche der Hauptträger nicht ausreichend vom Dach geschützt und beschädigt waren. Die Brücke musste saniert werden. Aus Umweltschutzgründen entschied man sich gegen chemische Holzschutzmittel und für einen konstruktiven Holzschutz, bei dem an dem Fachwerk, das dem Regen ausgesetzt ist, eine Verschalung mit sogenannten »Opferbrettern« angebracht wird, die bei Bedarf einfach ersetzt werden kann. Auf diese Weise konnte die Struvebrücke erhalten werden und erstrahlt nun in fast neuem Gewand.

Ihren Namen verdankt sie einem alten Mitglied der Feuerwehr, einem Mann, den man Struve nannte, da sein Großvater ein Anhänger des Revolutionärs Gustav Struve aus der Märzrevolution 1848/49 in Baden war. Struve – der Feuerwehrmann – soll als Erster nach der Eröffnung mit seinem Fahrrad über die Brücke gefahren sein. Kurz darauf zierte die Brücke ein schönes Holzschild mit dem Namen »Struvebrücke« – und die Feuerwehr feierte eine »inoffizielle Einweihung« …

Adresse Ritterstraße, 73650 Winterbach | **ÖPNV** S 2 bis Bahnhof Winterbach, von dort circa 550 Meter zu Fuß | **Anfahrt** B 29 Ausfahrt Winterbach, Richtung Ortsmitte | **Tipp** Eine ganz neue, dauerhafte und nachhaltige Interpretation einer Holzbrücke wurde von der Arbeitsgemeinschaft Stuttgarter Holzbrücke entwickelt. Seit der Remstal Gartenschau 2019 gibt es drei dieser Brücken im Remstal: in der Urbacher Mitte, in Endersbach bei der Birkelspitze und in Beutelsbach an der Häckermühle.

45 Die Standesamtaußenstelle

Heiraten im Wengerthäuschen

Zum Glück gibt es sie noch: die kleinen Wengerthäuschen, die einst Schutz vor Wind und Wetter bei der Arbeit im Weinberg boten, in denen Geräte aufbewahrt oder Wasser gesammelt wurde. Manche dienten auch als Unterstand für die Weinbergschützen, die während der Reife- und Lesezeit von den Wengertern angestellt wurden, um von der Morgendämmerung bis tief in die Nacht Traubendiebe zu vertreiben. Weinbergschützen gibt es schon lange nicht mehr. Und dennoch haben viele der Häuschen selbst die Rebflurbereinigung, als die alten Mauerweinberge eingeebnet und kleine Parzellen zu größeren zusammengelegt wurden, überstanden und prägen auch heute noch das Landschaftsbild des Remstals. Aus den einst als reine Zweckbauten errichteten Häuschen ist ein Kulturgut geworden. So verschieden ihre Bauweise und ihr Aussehen, so verschieden ist auch heute ihre Nutzung: Es gibt Häuschen, in denen gefeiert werden kann oder wo man sich nach getaner Arbeit zum Vesper trifft. Sie sind Ziele von Weinwanderungen oder laden auch mal zur Weinprobe. In Weinstadt lässt sich ein Candlelight-Dinner für zwei in einem versteckten Wengerthäusen buchen – und man kann sogar in einem Wengerthäuschen heiraten.

In Remshalden, im Ortsteil Hebsack, dient das städtische Wengerthäuschen offiziell als Standesamtaußenstelle und ist als solche auch im Ortsplan von Remshalden eingezeichnet. Man findet es, wenn man am Ortsrand von Rohrbronn in der Rechtskurve links in die Weinberge spaziert und in etwa auf derselben Höhe bleibt. Man erkennt es an den Wappen, die am First angebracht sind: das große Wappen steht für Remshalden, die fünf kleineren für die Ortsteile Buoch, Geradstetten, Grunbach, Hebsack und Rohrbronn. Die beiden vorgelagerten Terrassen bieten Platz für ungefähr 15 Gäste – und eine traumhafte Aussicht auf das Remstal. Diese kann man natürlich auch jederzeit ohne Hochzeit genießen.

Adresse Standesamtaußenstelle Wengerthäuschen, 73630 Remshalden-Hebsack | **ÖPNV** S 2 bis Bahnhof Winterbach, Bus 245 bis Rohrbronn | **Anfahrt** B 29 Ausfahrt Rohrbronn, L 1140 nach Rohrbronn, kurz nach Rohrbronn Wanderparkplatz, von dort zu Fuß Richtung Süden | **Tipp** Heiraten kann man inzwischen auch im Wengerthäuschen im städtischen Weinberg von Schnait, am Kappelberg in Fellbach oder auf dem Grafenberg in Schorndorf. In Plüderhausen gibt es eine Hochzeitswiese, auf der frisch vermählte Paare einen Obstbaum pflanzen können.

46 Das Palmer-Haus

Projektionsfläche des Remstal-Rebells

Was tun, wenn der Staat nicht zuhört? Nun, Helmut Palmer hatte da seine eigene Methode. Die freien Flächen seines Fachwerkhauses boten sich als Projektionsfläche geradezu an. Nun zieren Parolen, Statements, Daten und Wappen die Fassade. »Unruhe ist erste Bürgerpflicht«, ist da unter anderem zu lesen. Besser könnte man das Leben von Helmut Palmer wohl nicht zusammenfassen.

Helmut Palmer ist vielen als der »Remstal-Rebell« im Gedächtnis. Er selbst sah sich als Bürgerrechtler, ist nie den Weg des geringsten Widerstandes gegangen. Geboren wurde er 1930 als unehelicher Sohn einer Geradstettener Bauerntochter und eines verheirateten Juden. Unter diesem doppelten Stigma war er im pietistisch geprägten Remstal ständigen Hänseleien und Anfeindungen ausgesetzt. Unter der Obhut seines Großvaters wuchs er auf und wurde zum anerkannten Obstbaumkundler, der sich unermüdlich für einen ökologisch wie ökonomisch sinnvollen Obstbau einsetzte.

Seine politische Karriere begann 1957 eher zufällig, als er bei einem Baumschnittkurs in Hofen als begabter Redner aufgefallen war und als Kandidat für das Bürgermeisteramt vorgeschlagen wurde. Insgesamt hat er daraufhin bei über 300 Wahlen in Baden-Württemberg kandidiert und wäre 1974 beinahe Oberbürgermeister in Schwäbisch Hall geworden. Er kämpfte beharrlich gegen unnötige Vorschriften, gegen Behördenwillkür und gegen die Justiz. Zimperlich war er mit seinen Gegnern und den Amtsträgern nicht, weshalb er sich immer wieder vor Gericht verantworten musste, 33 Einträge umfasste sein Vorstrafenregister, zweimal saß er auf dem Hohenasperg ein. Was ihm nicht gelungen ist, gelang seinem Sohn Boris: Er wurde 2007 zum Oberbürgermeister von Tübingen gewählt.

Man mag zu Palmer stehen, wie man will. Er und sein Haus sind auf jeden Fall ein Sinnbild altwürttembergischer Protest- und Partizipationskultur. Er war ein Kämpfer für Demokratie, Toleranz und Zivilcourage und ist damit – auch nach seinem Tod – aktueller denn je.

Adresse Untere Hauptstraße 20, 73630 Remshalden-Geradstetten | **ÖPNV** S 2 bis Bahnhof Geradstetten, circa 10 Minuten zu Fuß oder von Grunbach Bus 217 bis Haltestelle Geradstetten Mitte | **Anfahrt** B 29 Ausfahrt Remshalden-Geradstetten | **Tipp** Weitere »Remstal-Rebellen« waren Peter Gaiß aus Beutelsbach, Alfred Leikam aus Korb und Gottlob Kamm aus Schorndorf, über die das Theater hinterm Scheuerntor ein Stück zeigt (siehe Ort 25).

47 Der Grunbacher Wasserfall

Zu Eis gefroren

Manche Orte muss man einfach im Winter besuchen, auch wenn jede Jahreszeit ihren Reiz hat. Am besten an einem klirrend-kalten, sonnigen Tag, wenn der Schnee wie Puderzucker den Waldboden bedeckt und sich die langen Eiszapfen gut vom Fels abheben.

Vom Parkplatz beim Sportplatz in Grunbach sind es nur ein paar Minuten Fußweg, und schon taucht man ein in die geheimnisvolle Welt der Kerbtäler, Klingen und Wasserfälle. Vom Hauptweg, dem Geologischen Lehrpfad, der von Grunbach bis hinauf nach Buoch und weiter nach Winnenden führt, biegt ein schmaler, steiler Pfad in ein kleines Seitental des Remstals ab.

Woher der Name »Klinge« stammt, da sind sich die Experten uneinig. Die einen vermuten, dass er von den Geräuschen kommen könnte, den die Bäche bei Hochwasser machen. Andere beziehen ihn auf die Form der Kerbtäler, die wie von einer Klinge aus dem Fels geschlagen zu sein scheinen. Eine romantische Vorstellung. Die Geologen sehen das ein wenig anders: Klingen entstehen meist durch Erosion durch Wasser und Schutt. Wasser von Rinnsalen und Bächen schneidet sich immer tiefer in Keuperschichten ein und lässt kurze, schmale, gefällestarke Tälchen ohne Talboden entstehen. Voraussetzung sind Gesteine, in denen mürbe Partien überwiegen, die leicht vom Wasser ausgeräumt werden können. Harte Schichten hingegen werden unterspült und können Hohlkehlen ausbilden, über die dann das Wasser hinabstürzt.

Die Kieselsteinbank in der Klinge des Grunbachs ist eine solche harte Schicht. Sie verhindert das weitere Einschneiden des Grunbachs, sodass das Wasser gezwungen ist, die Sandsteinbank im freien Fall zu überwinden.

Wer den Grunbacher Wasserfall lieber an heißen Sommertagen besucht, der findet hier ein kühles, schattiges Plätzchen und kann dem sanften Plätschern des Wasserfalls lauschen.

Adresse zwischen 73630 Remshalden-Grunbach und Buoch | **ÖPNV** S 2 bis Bahnhof Grunbach, Bus 217 (Mo – Fr) beziehungsweise Bus 310 (Sa / So) Haltestelle Kirchplatz, von dort noch circa 1 Kilometer zu Fuß | **Anfahrt** B 29 Ausfahrt Grunbach-Süd, weiter Richtung Buoch, am Ortsende in den Buchenhaldenweg, parken am Sportplatz | **Tipp** Der Wasserfall liegt am Geologischen Lehrpfad von Winnenden nach Grunbach.

48 Die Heinkel-Gedenktafel

Grunbachs Auseinandersetzung mit dem Flugzeugpionier

Die Gemeinde Remshalden macht sich den Umgang mit ihrem bekanntesten Bürger nicht einfach. Ernst Heinkel gehört zu den Pionieren der internationalen Luftfahrttechnik. Gleichzeitig hat er aber auch moderne NS-Musterbetriebe geschaffen, in denen Kriegsgefangene und Häftlinge aus Konzentrationslagern zur Arbeit gezwungen wurden.

Ernst Heinkel wurde am 24. Januar 1888 in Grunbach geboren und beschäftigte sich schon früh mit der damals noch jungen Fliegerei. Während seines Studiums an der Technischen Hochschule Stuttgart erlebte er das Zeppelinunglück 1908 in Echterdingen und erkannte, dass die Zukunft der Luftfahrt in Flugzeugen liegt. Schon ein Jahr später baute er sein erstes eigenes. Es folgten unzählige Flugversuche auf dem Cannstatter Wasen, die er fast mit seinem Leben bezahlte. Er ging als Konstrukteur zur Luft-Verkehrs-Gesellschaft A.G., später zu den Albatros Flugzeugwerken. 1922 gründete er die Heinkel Flugzeugwerke in Rostock-Warnemünde. In seine Schaffenszeit fielen zwei Weltkriege, so entwickelte er neben dem schnellsten Passagierflugzeug der Welt, der He 70, auch Militärflugzeuge. Die He 111 wurde zum Standardbomber der Luftwaffe, und Heinkel wurde von Hitler zum Wehrwirtschaftsführer ernannt. Seine Rolle im Nationalsozialismus beschönigte er später. 1958 starb Ernst Heinkel in Stuttgart und wurde in Grunbach beigesetzt.

Mehrere Veröffentlichungen 2013 über seine Rolle im NS-Regime führten zu der Diskussion, wie mit der Person Ernst Heinkel weiter umgegangen werden soll. Was soll aus der Tafel am Geburtshaus, dem von ihm gestifteten Brunnen, der Straße und auch der Schule werden, die nach ihm benannt wurden? Am Ende entschied sich der Gemeinderat, die Namen und Plaketten beizubehalten und ergänzende Informationstafeln anzubringen, damit eine kritische Auseinandersetzung mit dem Leben und Werk Ernst Heinkels möglich wird.

Adresse Gedenktafel in der Reinhold-Maier-Straße 10, 73630 Remshalden | **ÖPNV** S 2 bis Bahnhof Grunbach, Bus 217 (Mo–Fr) beziehungsweise Bus 310 (Sa/So) bis Haltestelle Kirchplatz | **Anfahrt** B 29 Ausfahrt Remshalden-Grunbach, Ortsmitte Grunbach | **Tipp** »Von Grunbach hinaus in die Welt und zurück« – so wird der Weg von Ernst Heinkel im Museum Remshalden in der Schillerstraße 48 beschrieben, der auch seine Rolle im Dritten Reich beleuchtet (geöffnet jeden Sonntag 14–17 Uhr).

49__Das Schlepper-Museum

Die Weinberg-Traktoren mit dem Knick

Sie waren aus den Weinbergen nicht wegzudenken: die schmalen, wendigen grünen Schlepper der Marke Holder. Holder ist einer der letzten Traktorenhersteller in Deutschland.

Der Grundstein wurde 1888 in Urach gelegt, hier gründeten die Brüder Holder eine Maschinenwerkstatt. Umgeben von Weinbergen entwickelten sie die erste selbsttätige Pflanzenschutzspritze der Welt. 1902 wurde der Firmensitz nach Metzingen verlegt. Dort baute Holder 1930 seinen ersten Traktor, einen Einachsschlepper mit einer Leistung von sechs PS. 1953 folgte der erste Vierradschlepper. Der Durchbruch kam mit dem A 10, einem Schlepper mit Allrad und Knicklenkung. Dieser war so robust, wendig und stark, dass er sich hervorragend für die Arbeit im Weinberg eignete. Heute hat sich die Firma Holder neben Weinbergschleppern auf kommunale Räum-, Mäh- und Kehrmaschinen spezialisiert.

Weil Grunbach im Gegensatz zum Firmensitz in der amerikanischen Besatzungszone lag und die Materialbeschaffung einfacher war, baute Holder hier ein zweites Werk. Hartmut Frank hat im Ort seine Lehre als Mechaniker gemacht. Ab 1957 reparierte er Holder-Traktoren, zunächst als Angestellter, 1984 gründete er seinen eigenen Betrieb, den er 2004 an seinen Sohn übergab. Im Laufe der Jahre hat er immer mehr Holder-Utensilien angesammelt, von den klassischen Traktoren bis zu den extrem schmalen Weinberg-Schleppern. Insgesamt sind es inzwischen 16 Stück, angefangen beim »Ur-Schlepper«, dem A 10 von 1955, der mit der revolutionären Knicklenkung. Mit dem Allradschlepper A 20 fährt Hartmut Frank immer mal wieder zu Oldtimertreffen.

Für all seine Sammlerstücke hat Frank nun im Erdgeschoss seines Hauses ein kleines privates Museum eingerichtet. Nur für sich selbst. Doch wenn jemand die kultigen Oldtimer-Traktoren ansehen möchte, darf er ihn anrufen und einen Besichtigungstermin ausmachen.

Adresse Lindenstraße, 73630 Remshalden-Grunbach | ÖPNV S 2 bis Bahnhof Grunbach, Bus 217 (Mo–Fr) beziehungsweise Bus 310 (Sa/So) bis Haltestelle Kirchplatz | Anfahrt B 29 Ausfahrt Remshalden-Grunbach, über Stuttgarter Straße und Olgastraße zur Lindenstraße | Öffnungszeiten am Tag des Museums geöffnet, sonst auf Anfrage, Tel. 07151/72613 | Tipp Das ehemalige Holder-Werk befindet sich am Bahnhof. Ein Film über Holder wird im Museum Remshalden (Schillerstraße 48) gezeigt.

50_Die Kirchturmspitze

Am »Buocher Horizont«

Wer nach Buoch kommt, kommt in der Regel zum Spazierengehen und der schönen Aussicht wegen. Immerhin ist Buoch mit 519 Höhenmetern der höchstgelegene Ort über dem Remstal. Aber haben Sie schon einmal einen Blick hoch zur Kirchturmspitze geworfen? Der Kirchturmknopf auf der Spitze ist das wirklich Besondere in Buoch: Er ist ein sogenannter »Dreieckspunkt I. Ordnung« und dient der Höhenvermessung.

1818 ordnete König Wilhelm I. die Vermessung seines Landes an. Die wissenschaftliche Leitung übertrug er dem Tübinger Professor Johann von Bohnenberger, der als Nullpunkt des württembergischen Koordinatensystems sein Observatorium im Nordostturm von Schloss Hohentübingen festlegte. Bis heute sind sämtliche württembergische Flurkarten auf diesen Nullpunkt hin ausgerichtet.

Da man Gelände wesentlich einfacher und genauer mit Winkeln messen kann, wurde das Verfahren der Triangulation angewendet. Dabei wird eine Fläche in Dreiecke aufgeteilt. Kennt man die Länge einer Dreiecksseite und die Winkel der Seiten zueinander, kann man die Längen der anderen Seiten mittels trigonometrischer Formeln berechnen. Nach dieser Methode wurde über das ganze Land ein Dreiecksnetz gespannt und mit Winkelmessungen die Koordinaten von über 30.000 Dreieckspunkten bestimmt. Als Dreieckspunkte eigneten sich weithin sichtbare Bergkuppen und Kirchtürme, wie der der Buocher Kirche.

Die Flurkarten 1:2500 waren in den 1840er Jahren Grundlage für die »Höhenflurkarte« – eine der ersten großmaßstäblichen Karten mit Höhendarstellungen in Deutschland, die man für den Eisenbahnbau verwendete. 1860 wurden die Höhennetze vereinheitlicht. Da dabei Abweichungen bis zu fünf Metern festgestellt wurden, wurden seit 1864 die Höhenangaben auf den Dreieckspunkt I. Ordnung Buoch bezogen, den »Buocher Horizont« (533 Meter über dem Mittelmeer, +0.87 Meter gegenüber N. N.).

Adresse Stuifenstraße 12, 73630 Remshalden-Buoch | **ÖPNV** S 2 bis Bahnhof Grunbach, Bus 217 (Mo–Fr) oder Bus 310 (Sa, So) bis Haltestelle Buoch Gemeindehaus | **Anfahrt** B 29 Ausfahrt Grunbach-Süd, K 1913 bis Buoch | **Tipp** Im Museum im Hirsch, Eduard-Hiller-Straße 6, kann man sich den Turmschlüssel für den Wasserturm Buoch ausleihen. Von dort oben hat man vermutlich einen ähnlichen Blick wie von der Kirchturmspitze. Die nächsten Dreieckspunkte liegen in Kaisersbach, auf dem Hohenstaufen und auf dem Hohenasperg.

51_Das Pfarrhaus

Dichter und Maler in Buoch

Dichter und Maler würde man hier in Buoch, der kleinen, etwas abgeschiedenen Gemeinde auf der Buocher Höhe, nicht ohne Weiteres vermuten. Aber vielleicht ist es gerade die Abgeschiedenheit dieses Ortes, die ab dem 19. Jahrhundert zahlreiche Künstler inspiriert und angezogen hat.

Zu dieser Zeit lebte im Buocher Pfarrhaus die geistig, literarisch und künstlerisch sehr interessierte Pfarrfrau Friederike Reinfelder, die junge Literaten und Talente der bildenden Kunst gezielt förderte. Unter ihnen ihr Neffe Rudolf Kausler, der bei seinem Onkel drei Jahre als Vikar wirkte, daneben aber unter dem Pseudonym K. Rudolf Erzählungen, Gedichte und historische Novellen schrieb. In dieser Zeit besuchten ihn seine Tübinger Studienfreunde Hermann Kurz und Berthold Auerbach. Hermann Kurz, der sich als Dichter, Schriftsteller und Übersetzer betätigte, wohnte 1937/38 sogar zeitweilig in Buoch. Auch der schwäbische Mundartdichter Eduard Hiller lebte von 1868 bis zu seinem Tod im Jahr 1902 in dem kleinen Ort.

Friederike Reinfelder förderte auch das Talent ihres Patensohnes Johannes Wölffle, der einer der besten Kunstlithografen dieser Zeit wurde. Er sollte nicht der einzige bildende Künstler in Buoch bleiben. Der Maler, Zeichner und Grafiker Karl Fuchs lebte von 1900 bis 1907 hier. Er hat nicht nur das Jugendstil-Haus »Finkenwiese« an der Steinacher Straße, das sich noch immer im Familienbesitz befindet, entworfen, sondern auch das berühmte Haus mit Turm und zwei weitere Häuser, und damit das Ortsbild nachhaltig mitbestimmt.

An all diese Künstler, die seit dem 19. Jahrhundert bis zu Beginn des 21. Jahrhunderts in Buoch gewohnt und gewirkt oder Spuren ihres Schaffens hinterlassen haben, erinnert seit 1987 ein Museum im einst renommierten Gasthof »Hirsch«. Hier lebte von 1991 bis zu ihrem Tod die Schriftstellerin und Übersetzerin afrikanischer Literatur Susanne Köhler.

Adresse Stuifenstraße 21, 73630 Remshalden-Buoch | **ÖPNV** S 2 bis Bahnhof Grunbach, Bus 217 (Mo–Fr) oder 310 (Sa, So) bis Haltestelle Buoch Gemeindehaus | **Anfahrt** B 29 Ausfahrt Grunbach-Süd, K 1913 bis Buoch | **Öffnungszeiten** Museum im Hirsch (Eduard-Hiller-Straße 6) Sa 14–16 Uhr, So und Feiertage 10–12 und 14–16 Uhr | **Tipp** Im Museum im Hirsch wird auch die im 12. bis 14. Jahrhundert in Buoch hergestellte Keramik, die rot bemalte »schwäbische Feinware«, ausgestellt. Gemälde vorwiegend schwäbischer Künstler zeigt das Museum Nuss in Strümpfelbach (www.karl-ulrich-nuss.de).

52 Das Schäfergässle

Weinstube im Gewölbekeller

Einmal im Jahr öffnen in Weinstadt die Weinkeller. Dann werden Kerzen aufgestellt, Lichter angezündet, Gläser poliert. Die Nacht der Keller ist hier der Höhepunkt im Weinjahr. Weinstadt ist keine Stadt im historisch gewachsenen Sinn, sie entstand vielmehr durch den Zusammenschluss der fünf Weinbaugemeinden Beutelsbach, Endersbach, Großheppach, Schnait und Strümpfelbach zu einer Gemeinde mit dem treffenden Namen »Weinstadt«. Fast jedes der historischen Fachwerkhäuser in diesen Ortsteilen hat einen Gewölbekeller, der ideale Bedingungen für die Lagerung der Weinfässer bot. 26 dieser Keller können am dritten Septemberwochenende an zwei Abenden entdeckt werden – vom kleinsten Keller, der gerade einmal Platz für 15 Personen bietet, bis zum größten Holzfasskeller Süddeutschlands. Die Weinstädter Weingüter schenken ihre edlen Tropfen aus, es gibt Salzkuchen, Schmalzbrot und Peitschenstecken, untermalt von Livemusik. Von volkstümlichen Weinliedern mit dem Männerchor des Liederkranzes über Oldies bis zu Jazz ist alles dabei.

Wer die besondere Atmosphäre in so einem urigen Weinkeller mag, der kann sie jederzeit im gemütlichen »Schäfergässle« in Großheppach genießen. Der Weinkeller ist Teil des stattlichen »Oettingerhaus«, das bereits auf 400 Jahre Geschichte zurückblickt. Zu ausgesuchten Tropfen von den Weingütern aus dem Remstal und der Remstalkellerei gibt es schwäbisch-rustikale Gerichte, von hausgemachten Maultaschen über Rostbraten mit Spätzle bis zum schwäbischen Vesper. Im Schäfergässle finden auch immer wieder musikalische Events statt: von Beatles-Songs über Irish Folk und Blues, Gitarren-Oldies bis hin zu Jazz und Rock, aber auch schwäbisch knitzes Kabarett.

Thaddäus Troll, der schwäbische Mundartdichter aus Cannstatt, hat die Weinstuben einmal als »Versammlungsplatz der Demokratie« bezeichnet, in denen Leute beim Wein und beim Reden zusammenkommen.

Adresse Schäfergässle 12, 71384 Weinstadt-Großheppach, www.weinkeller-weinstadt.de | **ÖPNV** S 2 bis Bahnhof Beutelsbach, circa 20 Minuten zu Fuß; oder vom Bahnhof Endersbach Bus 209 bis Großheppach, Haltestelle Backhaus | **Anfahrt** B 29 Ausfahrt Weinstadt-Großheppach, K 1866, Grunbacher Straße, Kleinheppacher Straße bis zum Schäfergässle | **Öffnungszeiten** Mo–Sa ab 17 Uhr, So ab 11.30 Uhr | **Tipp** Die Nacht der Keller findet Mitte September statt (www.nacht-der-keller.de). Zahlreiche Remstäler Winzer bieten ihren hauseigenen Wein in ihren Besenwirtschaften an. Wenn der Besen draußen hängt, ist geöffnet.

53 Die kleine Destillerie

Von einer Schnapsidee zur brennenden Leidenschaft

Im etwas abgelegenen Gundelsbacher Tal, dort wo schon lange kein Bus mehr hinfährt, es dafür aber eine Mitfahrbank gibt, werden edle Tropfen und Brände Tor an Tor ausgebaut und destilliert. Gemessen an der Anzahl der Einwohner ist die Dichte an Weingütern und Destillerien bemerkenswert. In diesem idyllischen Winkel des Remstals, umgeben von Weinbergen und Streuobstwiesen, liegt »Die kleine Destillerie«.

Ihre Geschichte begann im Herbst 2007 mit einem Fass Zwetschgenmaische, für das es keine Verwendung gab. Schnell war die Idee geboren, eine Kleinbrennerei einzurichten. Nach nicht einmal vier Monaten konnte sich Karin Sigle mit viel Idealismus und Leidenschaft ans Werk machen. Die Idee war, das Obst der umliegenden Streuobstwiesen in feine Tropfen zu verwandeln und die schmackhaften Früchte alter Birnen- und Apfelbäume zu hochwertigen, sortenreinen Edelbränden zu verarbeiten. Diese veredelt sie in Fässern aus Esche-, Maulbeerbaum- oder Edelkastanienholz. Auch aus Mirabellen, Schlehen und seltenen Wildobstarten wie Mispeln und Speierlingen stellt sie fruchtige Liköre und Schnäpse her. Es ist ein bisschen wie im Wunderland … Aus der Begeisterung für die Kräuter und die Vielfalt des Remstals entstand so der »Alice Remstal Gin«. Neben dem Wacholder lassen sich in ihm überraschende Düfte und Aromen des Kräutergartens entdecken. Eine weitere Spezialität ist der Remstal-Whisky. Das Getreide dafür kommt von den eigenen Feldern und reift in Barrique-Fässern bekannter Weingüter aus der Gegend.

Hinter dem Haus liegt der wunderschöne Garten mit Blick in das Gundelsbacher Tal. Der Duft von Rosen, Lavendel und Nelken liegt in der Luft. Zwischen aromatisch duftenden Kräuterbeeten gibt es kleine Wasserflächen, Steinhaufen und Trockenmauern. Vom Garten führt ein Spazierweg zu alten Apfelbäumen und verschiedenen Wildobstgehölzen, die für die Brände verwendet werden.

Adresse Gundelsbacher Straße 2, 71384 Weinstadt-Großheppach, www.kleine-destillerie.de | ÖPNV S2 bis Bahnhof Endersbach, Bus 209 bis Großheppach, Prinz-Eugen-Platz, circa 1 Kilometer zu Fuß | Anfahrt B29 Ausfahrt Weinstadt-Beutelsbach/Weinstadt-Großheppach, K1866 Richtung Gundelsbach, am Ortsende rechts | Öffnungszeiten Mo 17–19 Uhr, Do 16–18 Uhr, Fr 10–12 und 14–18 Uhr, Sa 11–16 Uhr | Tipp Anfang November bieten im Rahmen der BrennP.U.N.K.T.E. die Brennereien im Gundelsbacher Tal auf einer Genusstour Einblicke in das Handwerk des Schnapsbrennens.

54__Ninis Hofcafé

Hausgemachter Kuchen im alten Fachwerkhaus

Die Weinstadt-Radrundtour führt kurz vor Grunbach ins idyllische Gundelsbacher Tal, ein Seitental der Rems. Durch Streuobstwiesen und Weinreben geht es am Bachlauf bis zu dem kleinen Weiler. Hier wurde 1359 ein kleines Eremitenkloster gegründet. Es ist heute verschwunden, geblieben sind ein paar Häuser und Gehöfte. Gundelsbach ist recht abgelegen, man kann den Weiler nur über eine Straße von Großheppach aus erreichen. Und doch gibt es hier immerhin ein Restaurant, ein Weingut – und ein kleines Schild mit der Aufschrift »Café«, das vom Wanderparkplatz aus den Bach entlang bis zu einem alten Fachwerkhaus führt. Es duftet nach frischem Kaffee.

Das fast 300 Jahre alte Fachwerkhaus hat einen kleinen, modernen Anbau bekommen, rechts werkelt Janine Oberhaus in ihrer Küche, links geht es in den gemütlich und geschmackvoll eingerichteten Gastraum im historischen Gemäuer. Die Idee mit dem Hofcafé hat sie aus ihrer Zeit in Norddeutschland mitgebracht.

Hinter dem Haus stehen Tische und Stühle im lauschigen Garten in der Nachmittagssonne. Das Café ist meist gut besucht. Es scheint sich herumgesprochen zu haben, dass es hier draußen, versteckt am Ende des Gundelsbacher Tals, seit zehn Jahren selbst gebackene Kuchen und Kaffee gibt. Am liebsten bäckt Janine Oberhaus Himbeer- und Zwetschgenkuchen. Neben süßen gibt es aber auch salzige Kuchen.

Ohne eigenes Fahrzeug ist es gar nicht so einfach, ins Gundelsbacher Tal zu kommen. Der Weiler ist so klein, dass er vom öffentlichen Verkehr nicht angefahren wird. Da bleibt also nur das eigene Auto, das Fahrrad, oder man wandert die knapp zwei Kilometer von Großheppach. Wem der Rückweg zu weit ist, der setzt sich einfach auf die »Mitfahrbank« am Wanderparkplatz und wartet. Die vorbeifahrenden Gundelsbacher Bürger sind gern bereit, Fußgänger im Auto zurück nach Großheppach, Endersbach oder zur S-Bahn mitzunehmen.

Adresse Gundelsbacher Straße 39, 71384 Weinstadt-Gundelsbach, Tel. 07151/609500, www.ninishofcafe.de | **ÖPNV** in Gundelsbach gibt es eine »Mitfahrbank« Richtung Großheppach, Endersbach, S-Bahn | **Anfahrt** B 29 Ausfahrt Weinstadt-Großheppach, über die Grunbacher Straße und Schlossstraße bis nach Gundelsbach | **Öffnungszeiten** Fr, Sa, So 13.30–18.30 Uhr | **Tipp** Gundelsbach ist Ausgangspunkt zahlreicher Wanderwege ins malerische Gundelsbacher Tal, die bis auf die Bergrücken der Buocher Höhe mit weiten Ausblicken ins Remstal führen.

55 Die Burgruine Kappelberg

Stammburg der Württemberger

»Als man zahlt 1500 Jahr und 14 hernach … Do hub an ein grosser Lärm und fing an ein grosses Schwörn die Baurn schwurn ein harten Eid, wär es noch ihrem Herrn Leid. Sie wolltten diese Sach wit tan und dies Gewicht nit nehmen an. Am ersten fing an Bytelspach, das ander Heppach und Grunbach. Die dry Dörfer zusammenzogen. 5 Tag blieben sie uf Kappelberg zu trutz dem Fürsten von Württemberg«, so die Inschrift auf einer Plakette an den Ruinen der Burg Beutelsbach.

Gleich zweimal spielte die Burg eine wichtige Rolle in der Geschichte. Sie entstand vermutlich im 10. oder 11. Jahrhundert zum Schutz der Stauffer'schen Kaiserstraße. Um 1080 kam Konrad von Wirtinsberk in die Region und heiratete das Burgfräulein Luitgard von Beutelsbach. Die Burg Beutelsbach wurde zur ersten Stammburg der Württemberger. 1083 baute er auf dem Rotenberg eine neue Burg, die Burg Beutelsbach wurde aufgegeben und verfiel. So war die Burg bereits eine Ruine, als sie 1514 zum zweiten Mal eine zentrale Rolle spielte.

In der Nacht zum 4. Mai läutete Peter Gaiß aus Beutelsbach in der Burgkapelle Sturm, um zu einem Protestmarsch gegen neue Steuern, die Herzog Ulrich zur Finanzierung seiner Feldzüge und seiner Hochzeit erlassen hatte, aufzurufen. Es war der Beginn des Bauernaufstandes des »Armen Konrad«. Trotz teilweiser Zugeständnisse des Herzogs verschanzten sich rund 1.000 Remstäler Bauern vom 23. bis zum 31. Juli auf dem Kappelberg. Der Aufstand wurde niedergeschlagen, der Gaißpeter und der erste Hauptmann Hans Volmar hingerichtet. 1538 wurden die Steine der Burg für den Bau der Festung Schorndorf verwendet. Die Burg geriet in Vergessenheit – bis man 1968/69 bei der Rebflurumlegung auf Mauerreste stieß, die zum Keller des Wohnturms gehört haben könnten. Die Ruinenreste wurden teilweise aufgemauert und mit neuen Portalen versehen. Pläne für einen neuen Turm wurden inzwischen verworfen.

Adresse Schönbühlstraße 51, 71384 Weinstadt-Beutelsbach | **ÖPNV** S 2 bis Bahnhof Beutelsbach, von dort circa 14 Minuten zu Fuß | **Anfahrt** B 29 Ausfahrt Weinstadt-Beutelsbach, K 1866 folgen, Cannonstraße und Nordhaldenstraße bis Schönbühlstraße | **Tipp** Mehr über die Geschichte Württembergs und den Aufstand des Armen Konrad erfährt man im Württemberg-Haus in Beutelsbach (siehe Ort 59). Direkt an der Ruine Beutelsbach beginnt auch ein 3,1 Kilometer langer Weinbaulehrpfad.

56 Der Holzfasskeller

Besuch in der Remstalkellerei

99 große Eichenholzfässer stehen in Württembergs größtem und vielleicht schönstem Holzfasskeller. Bei Kerzenschein wird eine Weinprobe hier zu einem unvergesslichen Erlebnis.

Die Geschichte der Remstalkellerei begann wie die vieler württembergischer Weingärtnergenossenschaften: Nach einem frühen Frost am 21. September 1939 wurden die Trauben nicht mehr reif. Die Weinherren, das waren die Gastronomen, die die Lese gleich im Herbst kaufen, einlagern und vermarkten sollten, schlugen jedes noch so verzweifelte Angebot aus. Noch im gleichen Herbst beschlossen damals 21 Weingärtnergenossenschaften, die Vermarktung selbst in die Hand zu nehmen. 1940 wurde die Zentralkellerei gegründet, die im Grunde noch immer aus denselben neun örtlichen Keltergenossenschaften besteht: Beutelsbach-Endersbach, Großheppach, Kleinheppach, Korb und Steinreinach, Remshalden-Schorndorf, Schnait, Stetten, Strümpfelbach und Winnenden.

Mit einer Weinbaufläche von 530 Hektar gehört die Remstalkellerei zu den größten Weinbaubetrieben in Deutschland. Jährlich werden sechs bis sieben Millionen Liter Wein erzeugt. Rund 30 Millionen Liter lagern hier, davon 600.000 Liter in den 99 großen Eichenholzfässern. Zum Teil stammen die Fässer mit einem Volumen zwischen 5.000 und 16.000 Litern aus den Anfängen der Genossenschaften. Als durch die Technisierung Stahltanks mehr und mehr die Holzfässer verdrängten, fehlte der Genossenschaft das Geld für eine aufwendige Modernisierung. So blieb dieser einzigartige Holzfasskeller erhalten und liegt heute wieder voll im Trend. Immer mehr Weine werden wieder in Barriquefässern ausgebaut. Der guten Pflege wegen halten die alten Fässer bis heute dicht. Die riesigen Großtanks sind dagegen kaum noch im Einsatz, statt auf Quantität wird auf Qualität gesetzt.

Im Rahmen einer Weinprobe kann der Holzfasskeller besichtigt werden.

Adresse Kaiserstraße 13, 71384 Weinstadt-Beutelsbach, www.remstalkellerei.de | **ÖPNV** S 2 bis Bahnhof Beutelsbach, von dort 5 Minuten zu Fuß | **Anfahrt** B 29 Ausfahrt Weinstadt-Beutelsbach, Richtung Bahnhof und der Poststraße folgen | **Öffnungszeiten** Besichtigung im Rahmen von Weinproben jeden 2., 4. und eventuell 5. Sa im Monat 18–22 Uhr, Infotel. 07151/69080, Mo–Do 7.30–17 Uhr, Fr 7.30–13.30 Uhr | **Tipp** Einen Blick von der Straße in einen Barriquekeller kann man im Kelter-Neubau des Weinguts Ellwanger in der Bachstraße in Winterbach werfen.

57__Der Jazzclub Armer Konrad

Swing und Modern Jazz im alten Gewölbekeller

In einem Weinbaugebiet wie dem Remstal gibt es in fast jedem der historischen Gebäude einen Gewölbekeller, in dem der Wein gelagert wurde. Solch ein Keller befindet sich auch im Stiftshof in Beutelsbach. Hier wird aber schon lange kein Wein mehr gelagert, höchstens noch als Viertele »geschlotzt«. Aber es gibt auch frisch gezapftes Bier vom Fass – im Jazzkeller tief unter der Erde.

Tagsüber deutet nur ein Schild über dem Tor auf den Jazzclub hin. Donnerstagabends stehen die Torflügel jedoch weit offen, eine hell erleuchtete Treppe führt durch einen Gewölbegang steil nach unten in zwei erstaunlich kleine, zusammenhängende Räume mit Ausschank, einer Bühne und ein paar Stuhlreihen für immerhin bis zu 70 Gäste. Hier treffen sich seit 1993 jeden Donnerstag die Jazzliebhaber aus Beutelsbach und der Umgebung zum Donnerjazz.

Anfang der 90er Jahre suchte der Jazzclub Armer Konrad, ein gemeinnütziger Verein, der sich nach dem Bauernaufstand »Armer Konrad« benannte, nach eigenen Räumlichkeiten, um das jahrelange »Nomadenleben« von Veranstaltungsort zu Veranstaltungsort zu beenden. Es musste ein Raum sein, in dem auch mal die Verstärker voll aufgedreht werden konnten, ohne dass die Bewohner in den anliegenden Häusern aus den Betten fallen. Der Gewölbekeller im Stiftshof bestand den »Soundtest« – und der Jazzclub Armer Konrad fand endlich ein Zuhause. Und wenn es einmal zu eng wird, kann die Tür zum danebenliegenden Stiftskeller geöffnet werden. Hier passen gut viermal so viel Musikfreunde hinein.

Wer den Jazzkeller erleben will, aber eine andere Musikrichtung bevorzugt, der sollte sich das Programm einmal genauer anschauen. Alle 14 Tage gehört die Bühne freitags den Blues-, Rock- und Folkmusikern, aber auch Komödianten und Kabarettisten finden ihr Publikum in dieser urig-heimeligen Atmosphäre der Gewölbekeller.

Adresse Stiftstraße 32, 71384 Weinstadt-Beutelsbach | ÖPNV S 2 bis Bahnhof Beutelsbach, 8 Minuten zu Fuß die Cannon-Straße bergauf bis zum Feuerwehrgerätehaus, dann links in die Stiftstraße | Anfahrt B 29 Ausfahrt Weinstadt Beutelsbach/Endersbach, an der Ampel links, an der nächsten Ampel rechts, durch die Unterführung, der Vorfahrtsstraße folgen, an der nächsten Linkskurve links, noch circa 200 Meter | Öffnungszeiten siehe www.jak-weinstadt.de | Tipp Jedes Jahr im März finden im JAK die Jazz-Tage statt. Im Biergarten Schwaneninsel (siehe Ort 88) findet in den Sommermonaten sonntags ein Jazz-Frühschoppen statt.

58_Das Remstalkino

Großes Kino rund um die Uhr

Jeden Tag derselbe Film, jahraus, jahrein. Es gibt kein Popcorn und keine Leinwand – und dennoch ist das Remstalkino gut besucht. Und das liegt sicher nicht daran, dass es keinen Eintritt kostet. Wer es sich auf einem der Klappstühle bequem macht, dem wird »großes Kino« geboten: das Remstal. Der Film läuft 365 Tage im Jahr rund um die Uhr. Und obwohl die Kulisse und die Darsteller immer dieselben sind, ändert sich die Szenerie von Minute zu Minute, von Stunde zu Stunde. Wolken ziehen vorüber und tauchen die Landschaft mal in Licht, mal in Schatten. Wer lange genug sitzen bleibt, erlebt das Remstal vom Sonnenaufgang bis zum Sonnenuntergang, blickt im Frühjahr auf das weiß-rosa Blütenmeer der Streuobstwiesen, verbringt laue Sommerabende vielleicht mit einem Fläschchen Remstalwein. Im Herbst verwandeln sich die Weinberge in einen rot-gelb-braunen Flickenteppich, bevor im Winter der Schnee das Gelände weiß pudert. Die Landschaft als lebendige Kinoleinwand – welch geniale Idee!

Die Initiative dazu kam von Stadtrat Volker Gaupp. Bei einem Urlaub in Südtirol stieß er auf ein Kino der gleichen Art auf einem Felsvorsprung. Er erinnerte sich, dass es einen ganz ähnlichen Felsvorsprung auch oberhalb von Beutelsbach gibt. Das Naturdenkmal bei den Drei Riesen war schon immer ein beliebter Aussichtspunkt. Er überzeugte den Gemeinderat und arbeitete ein Konzept aus. Das Remstalkino wurde als reines Bürgerprojekt umgesetzt. Bis auf die Stühle und den Aufbau des Untergrunds wurden alle Arbeiten von einem ehrenamtlichen Team geleistet. Aus Kies wurden vier Stufen modelliert, auf denen die Stühle in Reihen angeordnet wurden. Der Kies stammt aus dem Remstal, und für die Sitzflächen der Stühle wurde heimisches Kastanienholz verwendet. Finanziert wurde das Remstalkino durch Paten, die jeweils einen Stuhl bezahlten. Ihre Namen sind auf der Rückseite der Lehnen angebracht.

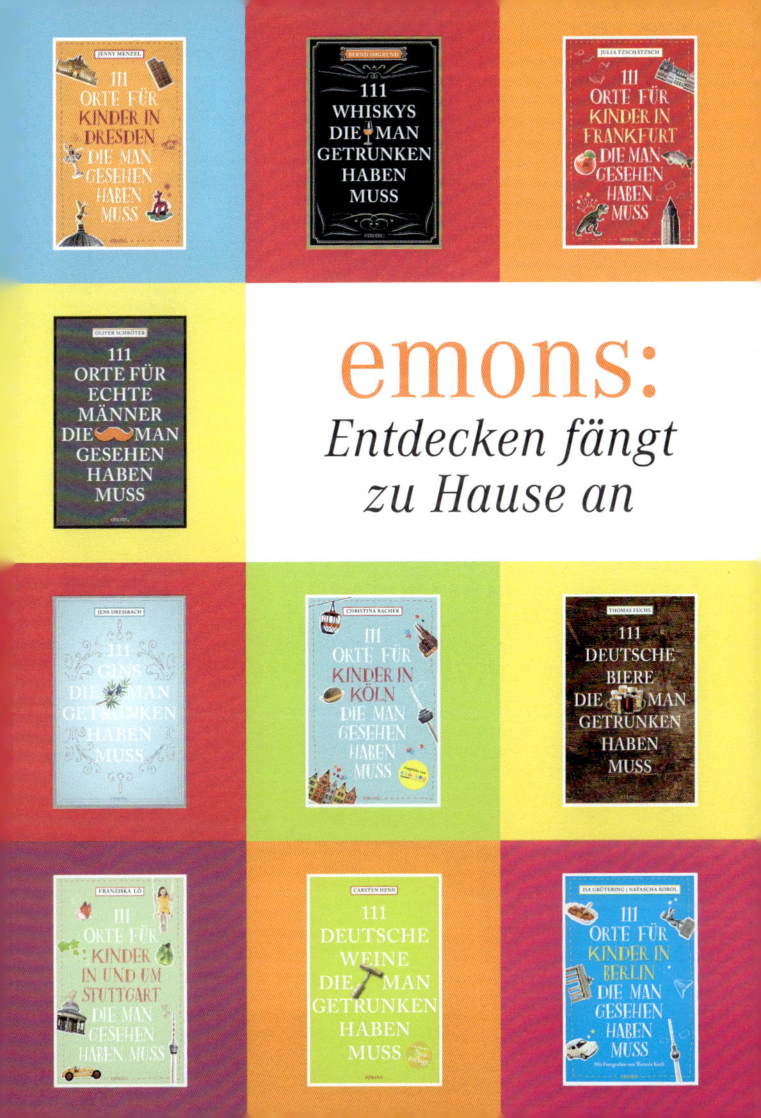
JENNY MENZEL
111 ORTE FÜR KINDER IN DRESDEN DIE MAN GESEHEN HABEN MUSS
BERND IMGRUND
111 WHISKYS DIE MAN GETRUNKEN HABEN MUSS
JULIA TZSCHÄTZSCH
111 ORTE FÜR KINDER IN FRANKFURT DIE MAN GESEHEN HABEN MUSS
OLIVER SCHRÖTER
111 ORTE FÜR ECHTE MÄNNER DIE MAN GESEHEN HABEN MUSS
emons:
Entdecken fängt zu Hause an
JENS DREISBACH
111 GINS DIE MAN GETRUNKEN HABEN MUSS
CHRISTINA BACHER
111 ORTE FÜR KINDER IN KÖLN DIE MAN GESEHEN HABEN MUSS
THOMAS FUCHS
111 DEUTSCHE BIERE DIE MAN GETRUNKEN HABEN MUSS
FRANZISKA LÖ
111 ORTE FÜR KINDER IN UND UM STUTTGART DIE MAN GESEHEN HABEN MUSS
CARSTEN HENN
111 DEUTSCHE WEINE DIE MAN GETRUNKEN HABEN MUSS
ISA GRÜTERING | NATASCHA KOROL
111 ORTE FÜR KINDER IN BERLIN DIE MAN GESEHEN HABEN MUSS

UNSERE 111ER FÜR ECHTE MÄNNER

ISBN 978-3-7408-0571-5
€ D 16,95/€ A 17,50

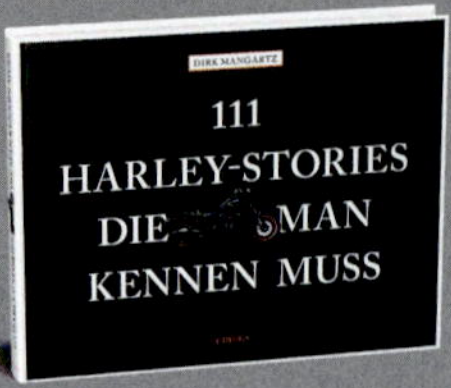

ISBN 978-3-7408-0939-3
€ D 25,00/€ A 25,70

ISBN 978-3-7408-0680-4
€ D 25,00/€ A 25,70

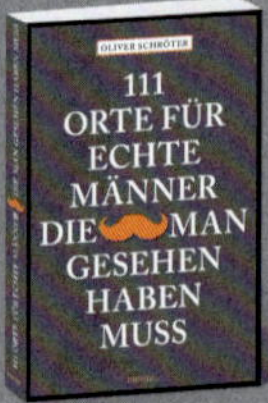

ISBN 978-3-7408-0735-1
€ D 16,95/€ A 17,50

ISBN 978-3-95451-414-4
€ D 16,95/€ A 17,50

ISBN 978-3-95451-465-6
€ D 16,95/€ A 17,50

ISBN 978-3-7408-0242-4
€ D 16,95/€ A 17,50

ISBN 978-3-95451-912-5
€ D 25,00/€ A 25,70

ISBN 978-3-7408-0938-6
€ D 25,00/€ A 25,70

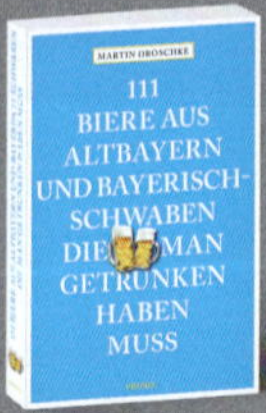

ISBN 978-3-7408-1069-6
€ D 16,95/€ A 17,50

Adresse 71384 Weinstadt-Beutelsbach | **ÖPNV** S 2 bis Bahnhof Beutelsbach, von dort circa 2,3 Kilometer zu Fuß über die Kaiserstraße und Weinsteige | **Anfahrt** B 29 Ausfahrt Weinstadt-Beutelsbach, zu erreichen ist das Remstalkino am besten zu Fuß – von der Beutelsbacher Halle (1,6 Kilometer) und vom Schotterparkplatz beim Schönbühl (800 Meter) ist der Fußweg ausgeschildert | **Tipp** Ebenfalls als Bürgerprojekt gestartet war das KoKi, das Kommunale Kino in Weinstadt, das 1985 von einer AG am Remstalgymnasium gegründet wurde und heute im Stiftshof zu Hause ist.

59_Das Württemberg-Haus

Bauernkrieg und Wiege Württembergs

Mitten im Remstal im beschaulichen Weinort Beutelsbach liegt die Wiege Württembergs. Württemberg war im Hochmittelalter ein Teilstaat des Heiligen Römischen Reiches deutscher Nation, Herzogtum und von 1806 bis 1918 sogar Königreich. Seit 1952 bildet Württemberg gemeinsam mit Baden ein Bundesland. Begonnen hat die Geschichte aber hier in Beutelsbach.

Um 1080 heiratete Konrad von Wirtinsberk das Burgfräulein Luitgard von Beutelsbach, und die Burg Beutelsbach wurde zur ersten Stammburg der Württemberger. Allerdings verlegte Konrad schon bald seinen Wohnsitz aus strategischen Gründen ins Neckartal und baute auf dem Rotenberg eine neue Burg. 500 Jahre später spielte Beutelsbach jedoch erneut eine wichtige Rolle in der Geschichte: 1514 begann hier der Bauernaufstand des »Armen Konrad«, der das ganze Land erfasste und als Vorläufer des großen Bauernkriegs 1525 gilt. Als Armer Konrad bezeichnete sich ein Bündnis des »Gemeinen Mannes«, das gegen Herzog Ulrich aufbegehrte, der in Zeiten von schweren Missernten und Hungersnot neue Verbrauchssteuern erhob, um seinen ausschweifenden Lebensstil und einen Kriegszug nach Burgund zu finanzieren. Der Bauernaufstand wurde niedergeschlagen, aber von da an waren es die Bürger in Württemberg gewohnt mitzusprechen.

So vereint das Württemberg-Haus das Museum »Wiege Württembergs« und das Bauernkriegsmuseum unter dem Dach eines aufwendig sanierten Fachwerkgebäudes aus dem Jahr 1534, das als eines der ältesten dörflichen Rathäuser Württembergs gilt. Gleich am Eingang steht ein Bildnis von Herzog Ulrich von Württemberg in einem prächtigen purpurfarbenen Umhang. Im ersten Stock werden die Anfänge des württembergischen Königshauses dokumentiert, im Erdgeschoss die Geschichte vom Bauernaufstand 1514 bis hin zum Bauernkrieg. Das Bauernkriegsmuseum ist das einzige Museum, das sich exklusiv mit dem Aufstand Armer Konrad beschäftigt.

Adresse Stiftstraße 11, 71384 Weinstadt-Beutelsbach | **ÖPNV** S 2 bis Bahnhof Beutelsbach, von dort 750 Meter zu Fuß | **Anfahrt** B 29 Ausfahrt Weinstadt-Beutelsbach, Parkmöglichkeiten am Marktplatz und beim Rathaus | **Öffnungszeiten** Sa 14–18 Uhr, So 13–17 Uhr | **Tipp** Auch Caspar Pregatzer aus Schorndorf gehörte zu den charismatischen Führungspersönlichkeiten des Armen Konrad. In Schorndorf kann man ihn auf einem Rundgang zu den wichtigsten Schauplätzen des Bauernaufstandes begleiten: Stadtinfo Schorndorf am Marktplatz 1.

60 Das Silcher-Museum

Mit Silcher-Liedern durch den Weinberg

Nicht immer ist der direkte Weg ans Ziel der beste. Wer Friedrich Silcher besuchen will – und ein wenig Zeit mitbringt –, kann sich in Beutelsbach an der Beutelsbacher Halle auf den rund sechs Kilometer langen Rundweg »Sanges Froh« durch die Weinberge begeben und mit Volksliedern einstimmen, die einem doch irgendwie vertraut sind: »Das Wandern ist des Müllers Lust«, »Am Brunnen vor dem Tore« oder »Die Gedanken sind frei«.

Friedrich Silcher, der 1789 in Schnait geboren wurde, ist heute vor allem bekannt als Komponist und Sammler von rund 150 Volksliedern. Er selbst hat keine Liedtexte verfasst, für ihn war es eine der schönsten Aufgaben, Lyrik in Töne zu fassen, darunter auch viele Texte von bedeutenden Dichtern. Friedrich Silcher gehörte aber auch zu den bedeutendsten Volkserziehern seiner Epoche und war von 1817 bis wenige Monate vor seinem Tod 1860 Musikdirektor an der Universität Tübingen.

Seine Wurzeln liegen hier im Remstal. Nach zwei Dritteln des Liederweges erreicht man das neben der Kirche stehende, alte Schulhaus, in dem Silcher geboren und aufgewachsen ist. In den ehemaligen Wohnräumen der Schulmeister wird die Ausstattung eines ländlichen Haushalts um 1790 gezeigt, darunter wunderschöne Bauernmöbel. Im daran anschließenden Museumsneubau sind in einer modern gestalteten Ausstellung Originalhandschriften, Möbel und Musikinstrumente aus Silchers Leben ausgestellt. Ein weiterer Saal informiert über das Entstehen der ersten Sängervereine seit 1810 und über den 1849 gegründeten Schwäbischen Sängerbund, der seit 2008 Schwäbischer Chorverband heißt.

Die Tradition des Chorgesangs wurde nach dem Zweiten Weltkrieg von Gotthilf Fischer und seinen Fischer-Chören erfolgreich aufgenommen. Gotthilf Fischer lebte in Beutelsbach, und so liegt es nahe, mit dem Liederweg einen Bogen von Silcher zu Fischer zu spannen.

Adresse Silcherstraße 49, 71384 Weinstadt-Schnait, www.silcher-museum.de | ÖPNV S2 bis Bahnhof Beutelsbach, 30 Minuten Fußweg durch die Weinberge oder bis Bahnhof Endersbach, Bus 206 bis Schnait, Haltestelle Kelter, 2 Minuten Fußweg | Anfahrt B29 Ausfahrt Weinstadt-Schnait, weiter bis Schnait, am besten bei der Schnaiter Kelter parken, von dort etwa 300 Meter entlang der Silcherstraße | Öffnungszeiten März–Nov. Do–So 10–12 und 14–17 Uhr | Tipp Im Backhäusle in der Brunnenstraße wird noch jeden zweiten Freitag Brot gebacken. Weil sich »Zugezogene« über den Rauch beschwert haben, wurde der Kamin 1986 extra verlängert.

61 Der Stadtwengert

Weinbau zum Mitmachen

Rebhänge, so weit das Auge reicht: Der Weinbau ist die Lebensader der Gegend und ihrer Menschen. Heute ist Weinstadt mit 502 Hektar Rebfläche eines der größten Weinbauzentren Baden-Württembergs.

Durch die Rebflurbereinigung wurden die traditionellen Mauerweinberge eingeebnet, die arbeitsintensive Handarbeit war nicht mehr wirtschaftlich. Eine 60 Ar große Rebfläche im Gewann Dachsrain bei Schnait wurde 1992 jedoch von der Stadt Weinstadt als traditioneller Mauerweinberg erhalten. Sie wird vom städtischen Wengerter bewirtschaftet, Vertreter des Gemeinderates helfen bei der Lese. Riesling, Trollinger und Spätburgunder werden als »Ratsschenk« bei besonderen Anlässen ausgeschenkt oder an verdiente Bürger der Stadt überreicht.

Wer mehr über den Weinbau erfahren und einmal selbst Hand anlegen möchte, der kann an dem Weinbaukurs »Vitis vinifera« teilnehmen, den die Stadt Weinstadt und die Remstalkellerei seit einigen Jahren anbieten. Unter der Leitung des Stadtwengerts begleiten die Teilnehmer über ein Jahr hinweg die Weinrebe, die *Vitis vinifera*, vom Rebschnitt im März über Laubarbeiten im Sommer bis zur Lese im Herbst. Immer dabei die Rebschere – und ein herzhaftes Vesper, das im Wengerthäusle den Arbeitstag gemütlich ausklingen lässt. Nach der Lese wird der Ratsschenk in der Remstalkellerei ausgebaut und im darauffolgenden Februar im Beutelsbacher Stiftskeller im Rahmen des Ratstrunks vorgestellt.

Am Ende des Kurses kennen die Teilnehmer nicht nur die einzelnen Rebsorten, sondern wissen auch, wie der Wein entsteht, wie er wächst, wie man die Pflanze schneiden, hegen und pflegen muss, wie man Trauben keltert und wie schließlich aus einfachem Traubensaft edler Wein wird.

Der städtische Weinberg ist Teil des Schnaiter Weinbaulehrpfades. Neben Informationstafeln erzählen Sandsteinskulpturen des Schnaiter Wengerter Ludwig Heeß von der Arbeit im Wengert.

Adresse Weinstraße (K 1865), 71384 Weinstadt-Schnait, Weinbau zum Mitmachen: Startmarketing, Tel. 07151/693283 | **ÖPNV** S 2 bis Bahnhof Endersbach, Bus 206 bis Schnait, Haltestelle Buchhaldenstraße, von dort circa 800 Meter zu Fuß | **Anfahrt** Wanderparkplatz zwischen Schnait und Manolzweiler | **Tipp** Führungen durch den Skulpturenweg bietet Ludwig Heeß an (Tel. 07151/690459). Von ihm gibt es auch einen Audio-Rundgang auf Schwäbisch (www.weinstadt.de/audiohess).

62 Der Streuobstpfad

Kirsch- und Apfelblüte im Schnaiter Rain

Im Frühjahr, zur Kirsch- und Apfelblüte, gibt es nichts Schöneres, als durch eine der vielen Streuobstwiesen im Remstal zu streifen. Bereits Mitte April blühen oft schon die ersten weißen Kirschbäume, etwas später folgt die rosa Apfelblüte.

Streuobstwiesen – sie sind neben dem Weinbau das für das Remstal so typische Landschaftsbild. Früher hatte eine Bauernfamilie im Remstal ein bis zwei Kühe, als Zugtiere und als Milch- und Fleischlieferant. Nutzbares Land war knapp, und so ließ man das Vieh auf den Wiesen zwischen den Obstbäumen weiden. Mit der Industrialisierung und zunehmender Bevölkerung in den Städten wuchs dort ein Markt für frisches Obst, der Obstbau wurde ein wichtiger Wirtschaftsfaktor. Als die kleinbäuerliche Landwirtschaft zurückging, verloren die Steuobstwiesen ihren wirtschaftlichen Wert, sie wurden unrentabel, viele drohten zu verwildern.

Dabei ist eine Streuobstwiese weit mehr als ein paar Obstbäume auf einer Grasfläche. Auf einer Streuobstwiese findet man Bäume unterschiedlichen Alters mit unterschiedlichen Obstsorten und -arten. Sie sind ein wichtiger Lebensraum für viele Tier- und Pflanzenarten. Bienen finden Pollen für den Honig, die mittel- und hochstämmigen Obstbäume bieten Windschutz, ohne den notwendigen Luftaustausch zu behindern.

Aber Streuobstwiesen brauchen auch Pflege, damit die Flächen nicht verwildern und zuwachsen. Damit diese wertvolle Kulturlandschaft nicht verschwindet, entwickelte die Stadt Weinstadt verschiedene Maßnahmen zur Erhaltung und Entwicklung. Im Bereich des Streuobstpfades »Schnaiter Rain« stehen auf einer Fläche von etwa 25 Hektar mehr als 2.000 Obstbäume, vorwiegend Apfelbäume, aber auch Kirsch-, Birn-, Zwetschgen-, Mirabellen-, Pfirsich-, Reineclauden- und Nussbäume. 15 Tafeln informieren auf dem drei Kilometer langen Pfad über die ökologische und kulinarische Vielfalt des Streuobstbaus.

Adresse Mühlbergstraße, 71384 Weinstadt-Schnait | **ÖPNV** S 2 bis Bahnhof Endersbach, Bus 206 bis Schnait, Haltestelle Wiesentalstraße | **Anfahrt** B 29 Ausfahrt Weinstadt-Schnait, K 1862, Parken an der Schnaiter Halle | **Tipp** Die Stadt Weinstadt bietet verschiedene Aktionen zum Thema Streuobst: den Tag des Streuobsts, eine Patenschaftswiese, die Streuobstbörse oder auch den Verkauf von Weinstädter Apfelsaft.

63_Der Skulpturenpfad

Kultur trifft Natur

Im Remstal bestimmt der Weinbau die Kulturlandschaft. Wein wird hier vermutlich seit den Römern kultiviert. Doch der Anbau musste sich im Laufe der Jahrhunderte an moderne Arbeitsweisen anpassen. Die sehr arbeitsintensiven Mauerweinberge wurden im Zuge der Rebflurbereinigung durch gleichmäßig geneigte Weinflächen ersetzt, die von leicht zugänglichen Wegen durchzogen sind. Entlang dieser geschwungenen Wege hat sich nun die Kultur die Landschaft zurückerobert.

43 Skulpturen aus Bronze und Stein, Werke der Künstlerfamilie Nuss, säumen einen Skulpturenpfad durch die Strümpfelbacher Weinberge und ermöglichen die Begegnung mit der Kunst in freier Natur, bieten völlig neue Eindrücke und Einblicke.

Ausgangspunkt des rund 2,8 Kilometer langen Skulpturenpfades ist die Bronzeskulptur »Lautenspieler« bei der Strümpfelbacher Gemeindehalle. Es folgt ein »Zeitungsleser«, ein »Flöter im Baum« und eine »Lesende«. Viele der Skulpturen zeigen Personen, die sich der Muse hingeben, Paare, die sich begegnen oder im Dialog stehen, aber auch mythologische Geschöpfe, einen Ziegenbock und ein Schaf.

Drei Generationen der Künstlerfamilie Nuss haben sie erschaffen. Fritz Nuss, 1907 in Göppingen geboren, studierte nach einer Lehre als Ziseleur in Schwäbisch Gmünd an der Akademie der Bildenden Künste in München und Stuttgart und ließ sich 1943 als freischaffender Künstler in Strümpfelbach nieder. 1952 wurde er Professor an der Fachhochschule für Gestaltung in Schwäbisch Gmünd. Sein Sohn, Professor Karl Ulrich Nuss (geboren 1943), trat in seine Fußstapfen, ebenso die Enkel Christoph Traub (geboren 1964) und Felix Engelhardt (geboren 1970).

Die »Lesende« von Professor Karl Ulrich Nuss, tief versunken und eins mit der Landschaft, lenkt sie den Blick weit über die Weinhänge des Remstals und holt ihn wieder zurück zur Kunst. Die Landschaft wertet die Kunst auf, die Kunst die Landschaft.

Adresse 71384 Weinstadt-Strümpfelbach | **ÖPNV** S 2 bis Bahnhof Endersbach, Bus 202 bis Haltestelle Rathaus | **Anfahrt** B 29 Ausfahrt Weinstadt-Strümpfelbach, Parkplatz Kirschblütenweg/Gemeindehalle | **Tipp** Zehn weitere Skulpturen-«Paare« stehen in der Skulpturenallee beim Naturfreundehaus. Im malerischen Örtchen Strümpfelbach mit seinen vielen schmucken Fachwerkhäusern sind weitere Skulpturen zu finden (Führungen buchen unter Tel. 07151/6930, stadtmarketing@weinstadt.de).

64__Der Garten der Sinne

Sehen – Hören – Tasten – Riechen - Schmecken

Es riecht nach Thymian, Rosmarin, Oregano und Lavendel. Wenn man die Augen schließt, könnte man meinen, man sei in der Provence. Öffnet man die Augen, steht man mitten im Garten der Sinne, im Sanitas Kräutergarten, der 1998 von Eva Strehl geplant, entworfen und mit Ehrenamtlichen angelegt wurde. 1998 – das Jahr, in dem sich der Geburtstag von Hildegard von Bingen zum 900. Mal jährte …

Rund 260 Heil- und Kräuterpflanzen wachsen nach Krankheitsbildern gegliedert in 14 verschiedenen Beeten, die von Beetpaten gepflegt und betreut werden. Der Weinstädter Apotheker Dr. Hermann Spiess bietet regelmäßige Führungen an und erläutert die Heilwirkungen der Kräuter. So sollen einheimische Pflanzen, die in Vergessenheit geraten sind, wieder in Erinnerung gerufen werden. Aber auch ausländische Pflanzen, deren Inhaltsstoffe in vielen Medikamenten enthalten sind, kann man hier kennlernen.

Im Garten der Sinne werden an 85 verschiedenen Stationen Anregungen zum intensiven Sehen, Hören und Nachdenken gegeben. Sie sollen Wissen mehren, Zusammenhänge aufzeigen, Staunen und Neugierde wecken. So gibt es einen Barfußweg und einen Naturtastpfad, ein Insektenhotel, eine Wildbienen-Oase und ein Schmetterling-Paradies, einen Rosen- und einen Duftgarten, ein Waldxylofon und einen Summstein, eine Sonnen- und eine Vogeluhr, eine Baumstamm-Galerie, Yin- und Yang-Sitzsteine und die Brücke der Freundschaft … um nur einige zu nennen. Im Sommer wird in dieser Oase der Sinne zudem ein sehr schönes und buntes Veranstaltungsprogramm für Groß und Klein geboten. So gibt es zu jeder Jahreszeit anderes und Neues zu entdecken. Sehen – Hören – Tasten – Riechen – Schmecken …

Der Garten der Sinne ist ein Kleinod und gehört, wie auch die Talaue in Waiblingen und der Stadtgarten in Schwäbisch Gmünd, zu den ausgewählten Gärten und Parks im Gartennetz Baden-Württemberg.

Adresse Am Kräutergarten, 71384 Weinstadt-Benzach, www.garten-der-sinne.de | **ÖPNV** S2 bis Bahnhof Endersbach, in der Verlängerung der Bahnhofstraße | **Anfahrt** B 29 Ausfahrt Weinstadt-Beutelsbach/Weinstadt-Großheppach, K 1862, Parkmöglichkeit am Remstal-Gymnasium in der Beutelsbacher Straße | **Öffnungszeiten** täglich rund um die Uhr, Anmeldung für Führungen unter Tel. 07151/61342 | **Tipp** Im Weltgarten in Remshalden-Grunbach wurden die Erdteile in ihren Umrissen in Form von Beeten nachgebildet und mit typischen Gewächsen der jeweiligen Kontinente bepflanzt.

65__Pflaster 14

Das älteste Wohnhaus im Rems-Murr-Kreis

»Pflaster« ist eine Straße in Endersbach, eine »gute« Adresse, direkt neben dem Rathaus. Die Nummer 14 ziert ein historisches Fachwerkhaus, das aus dem Jahr 1455 stammt und damit sowohl das älteste Haus Weinstadts als auch der älteste Fachwerkbau im Rems-Murr-Kreis ist. Es zeigt typisch spätmittelalterliches Fachwerk mit durchweg verblatteten, sich teilweise überkreuzenden Aussteifungshölzern. Zu dem Hofkomplex gehören ein historischer Weinkeller, eine große Scheuer, die 1542 an der Westseite an das Wohnhaus angebaut wurde, und eine kleinere Scheuer auf der anderen Hofseite aus dem Jahr 1767, die ursprünglich wohl ein Schafstall war. 1629 war der Besitz geteilt. Als der Bedarf an zusätzlichem Wohnraum stieg, wurde der Hof mehrmals umgebaut.

Um den Komplex vor dem Verfall zu bewahren, wurde im Dezember 2005 der »Förderverein Heimatmuseum im Pflaster 14 in Endersbach« gegründet. In viel Eigenleistung hat man die Hofanlage wiederhergerichtet und 2008 als Heimatmuseum eröffnet. Gezeigt wird das bäuerliche Leben und Wohnen des 18. und 19. Jahrhunderts. Die Räume sind voll mit Fotos, Dokumenten und Gerätschaften aus dem Ackerbau, Weinbau und Handwerk. In den Scheuern stehen Putzmühlen zur Trennung von Streu und Weizen neben Dreschmaschinen, Rübenmühlen und Eggen neben Kutschen, einer Weinpumpe – und einem Nachkriegsschlepper mit Spritzenfass und Holdermotor.

Die Wohnräume sind überschaubar und zweckmäßig eingerichtet mit Möbeln, Küchenutensilien, Werkzeugen, Kleidung sowie Objekten aus Kirche und Schule. Die Sammlung wurde im Wesentlichen von dem Endersbacher Paul Hecker zusammengetragen und nach seinem Tod 1978 ständig erweitert. An Museumstagen erwacht der Hof wieder zum Leben, dann werden Äpfel gepresst, Flachs gesponnen oder der Waschkessel in der Waschstube angeheizt … So bleibt die Hofanlage in ihrer jahrhundertelangen Tradition lebendig.

Adresse Pflaster 14, 71384 Weinstadt-Endersbach, www.pflaster14.de | ÖPNV S 2 bis Bahnhof Endersbach, von dort 8 Minuten zu Fuß | Anfahrt B 29 Ausfahrt Weinstadt-Endersbach, Richtung Ortsmitte, Rathaus | Öffnungszeiten März – Nov. jeden 1. So im Monat 14 – 17 Uhr | Tipp In der Schulstraße 12 gibt es in der Heimatstube Endersbach Gemälde des Endersbacher Malers Karl Wilhelm Bauerle, naive Kunst von Jacob Seibold, historische Hauben des 17. bis 20. Jh. sowie Objekte Königin Olgas von Württemberg zu sehen.

66__Das Käppele

Ehemalige Wallfahrtskirche am Jakobsweg

Wie eine Kapelle sieht das unscheinbare Steingebäude mit Pultdach ja nicht gerade aus. Eher wie ein Schlechtwetterunterstand am Kreuzungspunkt dreier Wege, die die Ortsteile Endersbach, Beutelsbach und Strümpfelbach verbinden. Eigentlich besteht es nur aus vier Mauern und dem schrägen Dach. Auffällig ist jedoch der Eingang: Der gemauerte Spitzbogen, wie man ihn von gotischen Sakralbauten her kennt, erinnert an die mittelalterliche Wallfahrtskirche, die vermutlich im 15. Jahrhundert als Rastplatz auf dem Jakobs-Pilgerweg an dieser Stelle erbaut wurde.

Seit über 1.000 Jahren wandern Pilger aus allen Teilen Europas zum Grab des Apostels in die spanische Stadt Santiago de Compostela. So hat sich ein Netz an Jakobswegen gebildet, die sich alle auf den Hauptrouten in Spanien treffen. »El camino comienza en su casa«, heißt es, »der Weg beginnt zu Hause.« Einer dieser Wege führt von Rothenburg ob der Tauber bis Rottenburg und kreuzt das Remstal zwischen Winnenden und Weinstadt. Am Baum neben dem Käppele weist die stilisierte gelbe Jakobsmuschel den Pilgern den Weg auf einer Nebenroute, die über Plochingen führt.

Um die Jakobsmuschel ranken sich viele Legenden. So soll ein junger Adeliger einst dem Schiff entgegengeritten sein, mit dem der Leichnam des Apostels Jakobus nach Spanien gebracht wurde. Dabei versank er im Meer. Auf wundersame Weise rettete Jakobus ihn, doch sein ganzer Körper war mit Kammmuscheln bedeckt. So wurde die Muschel zur Jakobsmuschel, dem Schutzzeichen der Pilger.

Eine kirchliche Nutzung des Käppele ist nicht nachgewiesen. Im 19. Jahrhundert wurde es nur noch als Unterstand genutzt. Von 1921 bis 1953 lebte der Einsiedler David Rühle, »Käppeles-David« genannt, unter primitivsten Verhältnissen in dem Gemäuer. Nach seinem Tod wurden die Anbauten abgerissen und das Käppele renoviert. Eine weitere Ausbesserung erfolgte 1998.

Adresse Weinbergstraße 87, 71384 Weinstadt-Endersbach | ÖPNV S 2 bis Bahnhof Endersbach, von dort circa 30 Minuten zu Fuß | Anfahrt B 29 Ausfahrt Weinstadt-Strümpfelbach, parken in Weinstadt an der Strümpfelbacher Straße oder im Ortskern Beutelsbach | Tipp Sehr schön ist auch der Jakobsaltar in Winnenden (siehe Ort 97, Informationen über die deutschen Jakobswege: www.jakobswege-europa.de).

67_Die 330 Terrakottafiguren

Rückkehr aus Grafeneck nach Stetten

1940 war ein vernichtendes Jahr – für Deutschland, für die Menschlichkeit, für unzählige unschuldige Opfer. 1940 begannen die Nazis mit der systematischen Ermordung von Menschen mit geistigen Behinderungen oder psychischen Erkrankungen. Aus Krankenanstalten und Heimen in Baden-Württemberg, Hessen und Nordrhein-Westfalen wurden 10.654 Patienten nach Grafeneck bei Gomadingen gebracht und vergast. Unter ihnen auch 330 Bewohner der Diakonie Stetten. Deren Schicksal haben Menschen mit Behinderung, die heute in der Diakonie Stetten leben, im Rahmen einer Fortbildung über Euthanasie-Verbrechen erforscht. Auf einer Exkursion zur Gedenkstätte Grafeneck haben sie die kleinen Tonfiguren gesehen.

Den Künstler Jochen Meyder ließ das Schicksal der Menschen in Grafeneck nicht mehr los. 2013 begann er mit den Figuren: 10.654 sollten es am Ende sein. Jedes Einzelschicksal eine Figur, die im Dokumentationszentrum in Grafeneck aufgebahrt wurde. Nun wünscht sich der Künstler, dass die Figuren »heimkehren«. 330, je eine Figur für jeden Bewohner, wurden daraufhin zurück nach Stetten gebracht, damit das Geschehene nicht in Vergessenheit gerät.

Die Diakonie Stetten wurde 1849 von dem Tübinger Arzt Georg Friedrich Müller als »Heil- und Pflegeanstalt für schwachsinnige Kinder« gegründet. 1863 fand die Anstalt eine Bleibe im leer stehenden Schloss Stetten, das zwischen 1384 und 1387 von den Herren von Stetten – Truchsessen der Grafen von Württemberg und Vettern derer von Yberg (siehe Ort 68) – errichtet wurde. Aus einer kleinen, von einem Wassergraben umgebenen Fachwerkbehausung entwickelte sich über die Jahrhunderte hinweg eine ansehnliche Schlossanlage. Der diakonische Gedanke passte perfekt in das vom Pietismus geprägte Remstal. Heute leben insgesamt etwa 1.600 Menschen mit Behinderung in Wohneinrichtungen der Diakonie in Stetten und in der Region Stuttgart.

Adresse Schlossberg 37, 71394 Kernen-Stetten | ÖPNV S 2 bis Bahnhof Kernen-Rommelshausen, Bus 116, 211, 212, 226, X 20 bis Haltestelle Diakonie Stetten | Anfahrt B 29 Ausfahrt Kernen, Parkplätze gegenüber zentralem Verwaltungsgebäude Schlossberg 2 | Öffnungszeiten Mo–Fr 8–17 Uhr | Tipp Im Sommersaal des Schlosses finden Klassikkonzerte statt, im Schlosspark lädt ein Rosengarten zum Verweilen ein.

68_Die Ruine YBurg

Bronzeplastiken, Trockenmauern und ein Museumswengert

Keck sitzt sie in den Weinbergen – die Ruine mit dem merkwürdigen Namen YBurg. Raigschmeggde, also »zugezogene Neubürger im Schwäbischen«, bezeichnen die Burg zuweilen fälschlicherweise als Ypsilon-Burg. Die korrekte Aussprache jedoch ist I-Burg. Der Name geht sehr wahrscheinlich auf die Eibe zurück, der Berg, auf dem die Ruine steht, wurde ursprünglich Eibenberg genannt.

Die Burg wurde vermutlich Mitte des 14. Jahrhunderts vom Adelsgeschlecht von Yberg als reines Wohnhaus in Form eines Würfels gebaut. Daher gab es keine Wehranlagen. 1490 verkauften sie ihren Besitz an das Haus Wirtemberg. Die Burg wurde nicht mehr bewohnt und verfiel. 1760 ordnete Herzog Carl Eugen von Wirtemberg den Abbruch des »alten ohnausgebauten Schlößlein« an, nur die Außenmauern blieben stehen. 1845 pflanzte der Hofgärtner in den Innenhof eine Platane, die über 100 Jahre die Ruine prägte. 1969 kaufte die Gemeinde die Ruine und ließ sie 1978 sanieren.

Zur Ruine führt der Stettener Weinweg durch einen alten Mauerweinberg. Es ist einer der letzten im Remstal noch bewirtschafteten Terrassenweinberge mit Trockenmauern. Im Zuge der Rebflurbereinigung wurden die Terrassenweinberge, die das Remstal einst prägten, eingeebnet, damit sie leichter bewirtschaftet werden konnten. Tafeln informieren über die Technik des Trockenmauerbaus, die reiche Tier- und Pflanzenwelt, die in diesen Mauern beheimatet ist, und die Weinberglagen rund um die YBurg. Die Lage »Stettener Brotwasser« ist eine der besten Riesling-Lagen des Landes. Im Museumsweinberg, dem »Schlösslewengert« unterhalb der YBurg, wurden 13 fast ausgestorbene rote und weiße Rebsorten angelegt, die schon seit dem Mittelalter in Süddeutschland angebaut wurden.

Heute ist die Ruine wieder »bewohnt«. Bronzeplastiken des Strümpfelbacher Bildhauers Karl-Ulrich Nuss haben die Burg in Besitz genommen (siehe Ort 63).

Adresse 71394 Kernen-Stetten | **ÖPNV** S 2 bis Bahnhof Waiblingen, Bus 211 Richtung Stetten, Haltestelle Kelter | **Anfahrt** B 29 Ausfahrt Kernen, L 1199, Parkplatz an der Glockenkelter | **Tipp** Die Lage Brotwasser gehört zum Weingut des Herzogs von Württemberg. Ein kleines Weingut befindet sich gleich neben der beeindruckenden historischen Glockenkelter in der Ortsmitte.

69 Der Sandsteinbruch

Das steilste Stück Weinberg

Oberhalb von Stetten, umgeben von Wald und Reben, liegt ein alter Sandsteinbruch. Vor mehr als 200 Millionen Jahren war das Remstal Teil des Germanischen Beckens, einer Meeresbucht, die mehrfach überflutet wurde und wieder trockenfiel. Es entstand dadurch eine einzigartige Keuperlandschaft mit einem hohen Gehalt an Kalk und Ton. Durch die Kraft der Rems und die folgende Erosion haben sich Hänge gebildet, die sämtliche Schichten des Keupers umfassen: Schilfsandstein, Bunte Mergel, Kieselsandstein und Stubensandstein. Diese Keuperverwitterungsstufen sind so einzigartig, dass sie in der Wissenschaft auch »Stuttgarterfolge« genannt werden. Die Keuperlandschaft bietet mit ihrem mineralischen Boden nicht nur ausgezeichnete Bedingungen für den Weinbau, der Buntsandstein, wie er oberhalb von Stetten vorkommt, eignete sich durch seine leichte Spaltbarkeit auch als Baumaterial für Kirchen, Burgen und Brücken – und natürlich die ehemals vielen Weinbergmauern. Auch die YBurg (siehe Ort 68) wurde aus Sandsteinquadern gebaut.

Als der Sandsteinabbau unwirtschaftlich wurde, stellte man den Betrieb ein. 1976 wurde das Gelände von der Bezirksgruppe Remstal des DAV übernommen und in dem alten Steinbruch ein Klettergarten eingerichtet. Zwischen acht und zehn Meter hoch sind die Felswände, die Risse, Verschneidungen sowie kompakte Wände mit Löchern und Leisten aufweisen. An den Buntsandsteinfelsen sind ungefähr 50 Routen bis Schwierigkeitsgrad 10 möglich. Es ist daher ein ideales Übungsgelände für die ganze Familie, für Anfänger und Fortgeschrittene. Dank der geschützten Lage ist das Klettern fast das ganze Jahr über möglich.

Der Klettergarten liegt unterhalb des Sängerheims. Folgen Sie einfach der »Herzoglichen Waldkugelbahn«. Talabwärts führt ein Spazierweg über das schmale Grimmelshäuser-Wegle durch den Wald zum idyllisch gelegenen kleinen Eichensee und zurück nach Stetten.

Adresse im oberen Teil des Weinbergs südlich Kernen-Stetten, Betreiber DAV Sektion Stuttgart, Bezirksgruppe Remstal, www.alpenverein-remstal.de | **ÖPNV** S 2 bis Bahnhof Endersbach / Stetten-Beinstein, Bus 212 nach Stetten, Haltestelle Kelter, von dort zu Fuß über Sängerheim oder Langes Tal circa 30 Minuten | **Anfahrt** B 29 Ausfahrt Weinstadt, Richtung Kernen-Stetten, in Stetten links in die Klosterstraße, dann rechts haltend durch die Weinberge, vorbei an der Ruine YBurg zum Sängerheim (Parkplatz) | **Tipp** Im Dezember findet im Steinbruch die DAV Bergweihnacht statt. Eine Kletterlandschaft für die jüngeren Kinder gibt es beim Spielplatz im Haldenbachtal an der Tälesstraße.

70__Die Villa Rustica

Das römische Landgut

Zugegeben, etwas herrschaftlicher würde man sich ein römisches Landgut schon vorstellen. Im Gewann Mäurach, etwa 500 Meter südlich von Rommelshausen, stehen nur noch ein paar Mauern ziemlich versteckt inmitten von Streuobstwiesen. Aber es ist ja auch schon eine Weile her, dass die Römer hier ein Gut bewirtschafteten. Der Hof wurde wohl um 180 n. Chr. gebaut.

1970 wurde er entdeckt und freigeräumt. Ausgegraben hat man insgesamt fünf Gebäude, das Haupthaus liegt im Zentrum der Hofanlage, die Nebengebäude wie Wachtürme in den Ecken der Hofmauer, die eine Fläche von 95 mal 72 Meter umschloss. Die Anordnung entspricht einer Villa Rustica, einem Landgut im Römischen Reich. Der Größe nach zu schließen gehörte diese Villa Rustica wohlhabenderen Gutsbesitzern.

Das Hauptgebäude umfasste fünf Räume. Der Eingangsbereich befand sind direkt vor der Informationstafel und war unterkellert. Rechts und links lag je ein quadratisches Zimmer. Das Zimmer links des Eingangs verfügte über eine Warmluftheizung und wurde vom dahinterliegenden Arbeitsraum aus beheizt. Von dort führte eine Rampe rechtwinklig in den Keller hinab, dessen Türschwelle noch erhalten war. Der Keller besaß an seiner Südostwand zwei halbrunde Abstellnischen sowie zwei Fenster.

Einige der Fundamente des Wohnhauses konnten konserviert und teilweise rekonstruiert werden. So sieht man heute die Überreste des aus Schilfsandsteinquadern gemauerten Kellers und der beheizbaren Risalite. Sechs runde Vertiefungen im Boden lassen auf Standspuren von Amphoren schließen. Da auch ein Rebmesser aus der Römerzeit gefunden wurde, kann man davon ausgehen, dass die Bewohner Wein angebaut haben.

Die Villa rustica wurde mehrere Generationen lang bewohnt, bis sie 234/235 nach Christus vermutlich von den Alemannen geplündert wurde, die sich in der Gegend niederließen.

Adresse 71394 Kernen-Rommelshausen, vom Apfelblütenweg führt ein Fußweg zur Villa Rustica | ÖPNV S 2 bis Bahnhof Rommelshausen, Bus 211 bis Haltestelle Seestraße | Anfahrt B 29 Ausfahrt Richtung Kernen, über die Rommelshauser, Schaf- und Jägerstraße bis zum Apfelblütenweg | Tipp Auf dem Weg zur Villa Rustica werden Sie an einem Kreuz und einem Gedenkstein vorbeikommen. Sie wurden in Gedenken an den Schüler Yvan Schneider errichtet, der 2007 hier brutal ermordet wurde.

71__Der WeinBAU

Moderne Architektur trifft Weinbau und Kultur

Der Weinbau im Remstal hat eine lange Tradition. Aber im Gegensatz zu den mondänen Weinbaugebieten in Frankreich oder Italien mit ihren herrschaftlichen Anwesen sind im Remstal durch die gleichteilige Erbteilung immer kleinere Einheiten entstanden. Der typische Weinbauer hatte sein Weingärtnerhaus im Dorf, die Trauben wurden in den Genossenschaftskeltern abgegeben. Dann kam eine Phase, in der wieder vermehrt selbst vermarktet wurde und schlichte Zweckbauten entstanden. Allmählich tritt jedoch eine Wende ein. Immer mehr Jungwinzer setzen auf Qualität und haben entdeckt, dass Weingenuss auch zu einem ästhetischen Erlebnis werden kann. So entstehen immer mehr moderne Weingüter und Vinotheken mit spannender Architektur.

Eines dieser Beispiele ist Wilhelm Kern. Im Gewerbegebiet in Rommelshausen steht seit 2012 ein auffälliger Kubus aus Holz und Glas. Die Toreinfahrt erinnert an Weinbergmauern, dahinter spiegelt eine geschwungene Holzfassade aus heimischer Lärche die Weinbergsilhouetten des Remstals wider. Der durch hohe Glasfronten lichtdurchflutete Besucherbereich wird durch mobile Trennwände flexibel vom laufenden Betrieb abgeschirmt. Der Neubau ist perfekt auf die Bedürfnisse der betrieblichen Abläufe abgestimmt. Ziel war, dass sich die Architektur in erster Linie am Menschen orientiert. So schnörkellos wie die Weine sollten auch die Räume sein.

Entstanden ist eine moderne, zeitgemäße Architektur mit traditionellen Elementen. Die Hallenträger aus Brettschichtholzbindern ermöglichen eine leichte, weit gespannte Konstruktion, die Fassadenbekleidung ist nachhaltig und voll recycelbar. Das Konzept der Weinfamilie Kern in Verbindung mit der zweckgebundenen Architektur hat auch die Jury des Deutschen Weininstituts überzeugt. Sie zeichnete den von den Fellbacher Architekten Alexander Scheel und Hubert Inselbacher realisierten Neubau 2013 mit dem Prädikat »Höhepunkt der Weinkultur« aus.

Adresse Wilhelm-Maybach-Straße 25, 71394 Kernen-Rommelshausen, www.kern-weine.de | **ÖPNV** S2 bis Bahnhof Rommelshausen, von dort 8 Minuten zu Fuß über die Willy-Rüsch-Straße | **Anfahrt** B29 Ausfahrt Kernen, nach Rommelshausen, Waiblinger Straße bis Wilhelm-Maybach-Straße | **Öffnungszeiten** Mo–Fr 8–18 Uhr, Sa 8–14 Uhr | **Tipp** Weitere Beispiele moderner Architektur sind das Weingut Konzmann in Stetten, das Weingut Johannes B in Fellbach, die Weingüter Knauss und Kuhnle in Strümpfelbach, der Weinkorb Vinothek in Korb und der Kelterneubau des Weinguts Ellwanger in Winterbach.

72__Der Wegweiser

Der schönste im Tal

Am Verbindungsweg von Fellbach nach Stetten beziehungsweise nach Rommelshausen steht an der Weggabelung eine majestätische Linde. Im Sommer spendet sie Schatten, im Herbst verwandelt das Laub sich in ein gold schimmerndes Dach. Rund um ihren Stamm lud einst eine Bank zum Verweilen ein, die inzwischen leider durch zwei einfache Bänke neben der Linde ersetzt wurde.

Direkt an der Weggabelung steht ein kunstvoll gefertigtes Wegschild, das einst von dem ortsansässigen Holzschnitzer Emil Kappeler im Auftrag des Schwäbischen Albvereins geschaffen wurde. »Schützt das Leben und die Reben, fördert die Kunst zu eurer Gunst«, so lautet der Sinnspruch auf der Rückseite des Holzpfostens, der mit zahlreichen Bildmotiven verziert ist: Sonne, Weinglas, Traube, das württembergische Wappen, Mond und verschiedene Blumen. Über die Jahre waren die einst bunten Farben verblasst und hatten wieder die Farbe des Holzes angenommen.

Emil Kappeler arbeitete nach einer Lehre als Bildhauer in Stuttgart und nach dem Besuch verschiedener Kunstfachschulen als Zeichner, Bildhauer, Steinmetz, Holzschnitzer in Rommelshausen. Sein Atelier befand sich in der Fellbacher Straße, am liebsten arbeitete er mit Holz und Stein. Außer dem Wegweiser gibt es nur noch wenige öffentlich sichtbare Objekte von ihm: den Steinaltar in der evangelischen Mauritius-Kirche in Rommelshausen und die Holzkreuze auf dem alten Römer-Friedhof für zwei 1944 verunglückte Zwangsarbeiter. In der Nähe dieser Kreuze befindet sich auch das Grab von Emil Kappeler.

2015 wurde der Wegweiser von der Zimmerei Fleck aus Strümpfelbach im Auftrag der Gemeinde Kernen originalgetreu restauriert. Das alte Holz wurde, wo es morsch war, geflickt, und die Bildmotive erstrahlen wieder in ihren kräftigen Farben. Die Bauer-Linde verdankt ihren Namen übrigens ihrem Spender, Albert Bauer aus Rommelshausen.

Adresse Verbindungsweg von Fellbach nach 71394 Rommelshausen | **ÖPNV** S 2 bis Bahnhof Kernen-Rommelshausen, 1 Kilometer bis zum Sportplatz | **Anfahrt** B 29 Ausfahrt Weinstadt-Endersbach / Stetten nach Rommelshausen, am 2. Kreisverkehr links ab zum Sportplatz, von dort aus noch 15 Minuten zu Fuß | **Tipp** An der nächsten Kreuzung geht es rechts Richtung Stetten zum Naturfreundehaus. Unterwegs liegt die »Klein-Wilhelma« der Aquarien- und Vogelfreunde Fellbach e.V. (geöffnet im Sommer an Sonn- und Feiertagen 10 – 19 Uhr).

73 Der Kernenturm

Rundblick nicht nur übers Remstal

Es geht – und das ist bei einem Aussichtsturm nicht ganz überraschend – bergan. Vom Wanderparkplatz Beiburg am Ortsende von Rommelshausen führt der Weg zunächst mit einer moderaten Steigung durch den Wald, dann ein Stück hinaus entlang der Weinberge, dann wird es kurz steil. 2,5 Kilometer lang soll der Wanderweg vom Parkplatz zum Kernenturm sein. Der Abzweig ist leicht zu übersehen. Aber: Es führen viele Wege auf den Kernenturm. Solange man bergauf geht, kann man nicht ganz falsch sein. Ein schmaler Wanderpfad führt über Wurzeln und Laub – und dann steht man unvermittelt am Fuße des viereckigen Turmes.

27 Meter ragt sein Sandstein-Mauerwerk in die Höhe, 135 Stufen führen hinauf. Vom ersten Aussichtsbalkon aus kann man Freunden und Familie zuwinken, die ihre Grillwurst beim Kiosk futtern, beim zweiten Aussichtsbalkon befindet man sich bereits auf Augenhöhe mit den Baumwipfeln. Dann folgt das große Finale, die letzten Stufen. Man tritt hinaus auf die offene Plattform, auf der sich ein kleiner Rundturm erhebt. Die Aussicht ist durch die Bäume etwas eingegrenzt. Aber der Blick über die Baumspitzen reicht von Nordwesten bis Osten fast das gesamte Remstal entlang bis zum 47 Kilometer entfernten Rosenstein, hinter dem sich die Remsquelle verbirgt, und bei guter Sicht bis zu den drei Kaiserbergen, Hohenstaufen, Rechberg und Stuifen. Im Süden und Südwesten erstreckt sich am Horizont die Schwäbische Alb, und im Westen liegen der Stuttgarter Talkessel, das Neckartal und in der Ferne der Nordschwarzwald. Von keinem anderen Punkt außer vom Stuttgarter Fernsehturm hat man einen derartigen Rundblick über nahezu das ganze württembergische Unterland.

Der Kernenturm wurde 1896 von der Ortsgruppe Stuttgart in nur vier Monaten auf dem höchsten Punkt des Schurwaldes auf 513 Metern gebaut. Er ist der erste vom Schwäbischen Albverein gebaute Turm und einer der ältesten Aussichtstürme in Baden-Württemberg.

Adresse mitten im Schurwald, 71394 Rommelshausen | ÖPNV S2 bis Bahnhof Kernen-Rommelshausen, Bus 211 oder 212 nach Kernen Stetten, von der Ortsmitte auf dem Württembergischen Wein-Wanderweg (rote Traube – Georg-Fahrbach-Weg) hinauf zum Turm | Anfahrt B29 Ausfahrt Weinstadt-Endersbach/Stetten nach Rommelshausen, nächste Parkmöglichkeit am Waldrand südlich von Rommelshausen, Parkplatz Beiburg 1,5 Kilometer – oder am Stettener Sattel, 3 Kilometer | Öffnungszeiten ganzjährig, Kiosk Sa und So ab 10 Uhr, April–Okt. zusätzlich Do und Fr ab 11 | Tipp Gleich beim Parkplatz Beiburg liegt der schöne Waldspielplatz »Blaues Loch« mit mehreren Grillplätzen.

74 Der Bibelgarten

Düfte aus der Heiligen Schrift

Es sind die versteckten, verwunschenen Orte, die es zu entdecken lohnt. In Korb findet sich solch ein Kleinod im alten Pfarrgarten der evangelischen Kirche.

Ein paar schmale Stufen, einem Wengerter-Stäffele gleich, hinauf, und schon steht man im Garten Israel. Myrrhe, Feige, Christusdorn – unwillkürlich bringt man diese Pflanzen mit der Bibel in Verbindung. Aber haben Sie gewusst, dass insgesamt 110 Pflanzenarten in der Bibel vorkommen? Kaum ein anderes Volk des Altertums hat so viele Pflanzen in sein religiöses Leben einbezogen wie die Hebräer. Viele Riten, Feste und Gebote haben mit Pflanzen und deren Anbau und Pflege zu tun. 80 dieser Pflanzen kann man im Bibelgarten bereits entdecken. Dabei ist der Garten so angelegt, dass er ein Abbild der Vegetationszonen in den Regionen des biblischen Israel darstellt. An jeder Pflanze zitiert ein Hinweisschild die entsprechende Bibelstelle.

Eine Ruhebank steht im Schatten eines Flieders, der Apfelbaum darf selbstverständlich nicht fehlen. Es gibt einen »Brennenden Busch«, wie er in 2 Mose 3, 1–2 beschrieben wird. In 4 Mose 13, 21–23: »... zogen die Männer hinauf und erkundeten das Land von der Wüste Zin bis Rehob bei Lebo-Hamat ... Von dort kamen sie in das Traubental. Dort schnitten sie eine Rebe mit einer Weintraube ab und trugen sie zu zweit auf einer Stange, dazu auch einige Granatäpfel und Feigen.« Jesaja 41, 18–20: »In der Wüste pflanze ich Zedern, Akazien, Ölbäume und Myrten. In der Steppe setze ich Zypressen, Platanen und Eschen. Dann werden alle sehen und erkennen, begreifen und verstehen, dass die Hand des Herrn das alles gemacht hat und der Heilige Israels es erschaffen hat.«

Erschaffen hat dieses kleine Paradies auf gerade einmal 70 Quadratmetern die Korber Hobbygärtnerin Christa Hahn auf Anregung von Pfarrer Oesch. Viele der Pflanzen hat sie selbst gezogen. Es gibt also viel zu entdecken im kleinen Bibelgarten in Korb.

Adresse J.-F.-Weishaar-Straße 6 (Altes Pfarrhaus), 71404 Korb | **ÖPNV** S 2 bis Bahnhof Waiblingen, Bus 209 nach Korb, Haltestelle Seeplatz | **Anfahrt** B 29 Ausfahrt Waiblingen-Nord/Korb, Waiblinger Straße bis Seeplatz, links Winnender Straße bis zur Alten Kelter | **Tipp** Sie möchten noch mehr über den Bibelgarten wissen, dann schauen Sie doch mal auf http://bibelgarten-korb.hahninkorb.de. Gleich um die Ecke stehen die Alte Kelter und ein Weingärtnerhaus aus der zweiten Hälfte des 16. Jahrhunderts.

75 Die Korber Köpfe

Kunstprojekt unter freiem Himmel

Drei »Köpfe« bestimmen das Landschaftsbild der Weinbaugemeinde Korb. Köpfe – der Duden liefert keine brauchbare Definition, beschreibt neben dem Körperteil nur vage: »ein rundlicher, oberer Teil von etwas«. Das ist zwar nicht besonders elegant, kann man aber gelten lassen. Köpfe im Remstal sind die »rundlichen, oberen Teile« der Hügelketten, die die Reblandschaft des Tals seit Jahrhunderten bestimmen, die Hügelkuppen, wenn man so will. Gleich drei dieser Köpfe erheben sich in der unmittelbaren Umgebung von Korb: der »Korber Kopf«, der »Hörnleskopf« und der »Kleinheppacher Kopf«.

Daraus ließe sich sicher ein erfolgreiches Marketingkonzept ableiten – oder ein Kunstprojekt. 2006 planten die Arbeitskreise »Wein und Natur« sowie »Kunst und Kultur« eine Kunstausstellung unter freiem Himmel. Der Korber Bildhauer Guido Messer hatte dann die Idee der »Köpfe am Korber Kopf« und entwickelte ein Konzept, an dem sowohl professionelle Künstler, Schulen als auch Vereine mitwirken sollten. Am 6. Mai 2007 war es dann so weit: Der Skulpturen-Rundweg beim Berghäusle unterhalb des Korber Kopfes wurde eröffnet. Zehn Kunstwerke entlang des Weges interpretieren das Thema »Kopf« auf ihre eigene Weise. Im Wechselspiel der Jahreszeiten entsteht zwischen der Landschaft und den Kunstwerken eine immer wieder neue Beziehung. So wird die Natur zur Kulturlandschaft im doppelten Sinne: die Kunstwerke stehen als Kulturgut in der kultivierten Landschaft der Weinberge. Nach einem Jahr ist Schluss, dann säumen zehn neue Skulpturen den Rundweg.

Der Skulpturen-Rundweg bietet neben den Kunstwerken schöne Ausblicke auf die hügelige Landschaft mit ihren Streuobstwiesen und Weinbergen. Weit schweift auch der Blick ins Land hinaus: im Süden auf Schurwald, Schwäbische Alb und Stuttgart, im Westen zum Schwarzwald, Hohenasperg und Stromberg und gegen Norden über die Berge des Bottwartales bis zum Odenwald.

Adresse Korber Kopf, 71404 Korb | ÖPNV S 2 bis Bahnhof Waiblingen Bus 209 bis Korb, Haltestelle Seeplatz, von dort 1,5 Kilometer zu Fuß | Anfahrt B 29 / B 14 Ausfahrt Waiblingen-Nord / Korb, Waiblinger Straße bis Korb, Parkplatz Hanweiler Sattel, von dort zu Fuß circa 20 Minuten | Tipp Am Wanderparkplatz Hanweiler Sattel beginnt ein Geologischer Lehrpfad. Der Kirchturm im Ortsteil Steinreinach ist der einzige Campanile im Remstal. Von der ehemaligen Wallfahrtskirche St. Wolfgang stehen nur noch Mauern mit gotischen Maßwerkfenstern.

76 Der Steinzeitrundweg

Bedeutsamer Fund am Kleinheppacher Kopf

1930 machte der Kleinheppacher Eugen Reinhard einen bedeutenden Fund: Bei der Arbeit im Weinberg kamen in der Nähe einer Wasserrinne am Fuße des Beizbergs urzeitliche Knochen zum Vorschein und an den südlichen Weinberghängen etwa ein Dutzend Feuersteinwerkzeuge der Jäger aus der Altsteinzeit, sogenannte Faustkeile, Werkzeuge zum Aufschlagen von Röhrenknochen. Zunächst wollte niemand glauben, dass es hier im Remstal solche Schätze gibt. Bisher kannte man Funde dieser Art nur aus den Höhlen der Schwäbischen Alb.

Auch in Endersbach und in der dicken Lößschicht in der Fellbacher Markung wurden Überreste der Großtierwelt gefunden, die im Eiszeitalter im Remstal lebte: Knochen von Ur-Elefant und Nashorn, Mammut und vom Wildpferd, vom Wisent und vom Auerochsen, vom Rentier und vom Riesenhirsch, vom Löwen und vom Höhlenbären. Die Sauerwasser der Mineralquellen des Cannstatter Beckens lockten die Herden zur Tränke – und mit ihnen die Jäger. In der mittleren Altsteinzeit, also zwischen 120.000 und 40.000 v. Chr., waren dies die Neandertaler. Da es im Remstal keine Höhlen gab, lebten sie in Zelten.

Eugen Reinhard hat sich schon als Jugendlicher für die spannende Zeit interessiert, als die Menschen noch als Jäger und Sammler lebten. Diese Leidenschaft hat ihn nicht mehr losgelassen, und so hat er im Laufe seines Lebens in Kleinheppach eine der bedeutendsten vorgeschichtlichen und volkskundlichen Privatsammlung des Landes Baden-Württemberg zusammengetragen: Steinbeile und Werkzeuge, Faustkeile und Speerspitzen werden im neuen Steinzeitmuseum wieder zu sehen sein.

Zu den Fundorten führt der Steinzeitrundweg durch die Weinberge bis zum Kleinheppacher Kopf. Auf rund fünf Kilometern kann man in die Vor- und Frühgeschichte eintauchen und von der Altsteinzeit über die Jungsteinzeit, Bronzezeit und Römerzeit bis ins Mittelalter spazieren.

Adresse Start/Ziel in der Schulstraße, 71404 Korb-Kleinheppach | **ÖPNV** S 2 bis Bahnhof Endersbach, Bus 209 bis Haltestelle Heckbachstraße | **Anfahrt** B 29 Ausfahrt Weinstadt-Großheppach über Großheppach oder B 14 Ausfahrt Korb via Korb, nach Kleinheppach, Ortsmitte | **Tipp** Im neuen Dorfhaus in der Schulstraße 11 öffnet wieder das Steinzeitmuseum. Weitere Steinzeitfunde gibt es in der Heimatstube in Endersbach. Und in Steinheim an der Murr widmet sich das Urmensch-Museum der Urgeschichte der Menschheit.

77__Der Rathausbrunnen

Wo einst Mineralwasser sprudelte

In der neu gestalteten Ortsmitte von Beinstein steht direkt gegenüber dem schönen, alten Fachwerkhaus, in dem sich das Rathaus befindet, ein Brunnen. Dieser Brunnen hat exakt dieselbe Form wie der Brunnen, der das Wappen von Beinstein ziert. Er symbolisiert die Heil- und Mineralwasserquellen des Ortes, die zu Beginn des 20. Jahrhunderts für eine Kur- und Badeeinrichtung genutzt wurden. Bis zum Ende des Ersten Weltkriegs durfte Beinstein sogar die Bezeichnung »Bad Beinstein« führen.

Vor rund zehn Jahren gab es im Rems-Murr-Kreis noch drei große Mineralwasserproduktionsstätten. In Beinstein wurde von der Mineralbrunnen AG Überkingen-Teinach aus der Elisabethenquelle der Remstal-Sprudel abgefüllt. 2008 kam dann das Aus für den Standort Beinstein. Die Abfüllanlage war nur für Glas geeignet, eine Umstellung auf PET-Flaschen nicht rentabel. Auf dem ehemaligen Firmengelände ist nun in den letzten Jahren eine moderne Neubausiedlung entstanden. Einzig der Schriftzug »Remstalquellen« blieb erhalten, die einzelnen Buchstaben zieren seit 2017 den Radweg zwischen Waiblingen und Beinstein.

Auch das kleine Mineralbad in Weinstadt-Endersbach ist inzwischen geschlossen worden, nur noch in Winnenden-Höfen gibt es ein Bad, das mit Mineralwasser aus dem Remstal gespeist wird.

So erinnern nur noch das Wappen und der Brunnen an die Zeiten, als in Beinstein das Mineralwasser eine bedeutende Rolle gespielt hat. Den Brunnen hatte die Mineralbrunnen AG zur 900-Jahr-Feier der Ortschaft Beinstein gestiftet.

Ideen für ein Brunnenhäuschen, wo man mit einem Becher Mineralwasser trinken kann, gibt es zwar schon. Aber dazu müsste das Wasser aufbereitet und durch einen Brunnenwärter ständig kontrolliert werden. Im mittelalterlichen Dorfbrunnen an der Ecke Kleinheppacher Straße / Großheppacher Straße kann immerhin Trinkwasser abgefüllt werden.

Adresse Rathausstraße 18, 71334 Waiblingen-Beinstein | **ÖPNV** S 2 / S 3 bis Bahnhof Stetten-Beinstein, von dort 20 Minuten Fußweg, oder bis Bahnhof Waiblingen, Bus 204 bis Beinstein, Haltestelle Mühlweg | **Anfahrt** B 29 Ausfahrt Waiblingen-Beinstein, Endersbacher Straße bis Rathausstraße | **Tipp** In Stuttgart-Bad Cannstatt gibt es Europas zweitgrößtes Mineralwasservorkommen, mehrere öffentliche Brunnen und drei Mineralbäder.

78 Der Apothekergarten

Ein idyllischer Garten voller Gesundheit

Der schönste Weg in die Waiblinger Altstadt führt von der Michaelskirche am kleinen Nonnenkirchle und der Hahn'schen Mühle vorbei über die Steinbrücke – mit Blick auf die Erleninsel – auf die alte Stadtmauer zu. Direkt an der Stadtmauer liegt rechts ein kleiner Garten. »Apothekergarten« steht auf dem Emailleschild am Holztor, das von April bis Oktober Besuchern tagsüber offen steht. Auf der einen Seite erhebt sich die Nikolauskirche über der Stadtmauer, gegenüber fließt der Mühlkanal unterhalb der Vormauer des Zwingers, am hinteren Ende steht das »Haus auf der Mauer«, das älteste erhaltene Schulgebäude der Stadt.

Es duftet nach Kräutern und Gewürzen. Ein schmaler Kiesweg führt von Beet zu Beet. Angelegt ist der Garten nach dem Vorbild mittelalterlicher Klostergärten. In den zwölf Beeten wachsen Pflanzen, die nach ihrer Heilwirkung auf einzelne Organe angeordnet sind, kleine Schilder erklären deren Wirkung. Arnika wirkt schmerzlindernd und entzündungshemmend, Baldrian beruhigend, die Brennnessel entwässert, Eukalyptus hemmt das Wachstum von Bakterien und Viren, verflüssigt Schleim und entkrampft, Kamille wirkt entzündungshemmend, Kümmel beruhigt die Verdauung, und die Mistel galt als Allheilmittel.

1685 hatte hier der Inhaber der Oberen Apotheke von der Stadt einen Wurz- und Krautgarten gekauft, um darin Arzneipflanzen anzubauen. Inzwischen ist der Garten wieder Eigentum der Stadt. Die Heilpflanzen wurden von den Waiblinger Apothekern ausgewählt, im hinteren Teil bildet ein halbkreisförmiger Brunnen den Abschluss des Gartens. Ein historisches Kleinod ist die Sonnenuhr an der Nikolauskirche. Über einen Steg gelangt man in eine Laube, die auf einem ehemaligen Wehrtürmchen der Stadtbefestigung steht, das einst als Kerker gedient hat (siehe Ort 84). Von hier bietet sich ein schöner Blick über die Erleninsel und weiter hinaus in die Talaue.

Adresse Kurze Straße 33, 71332 Waiblingen | **ÖPNV** S2/S3 bis Bahnhof Waiblingen, die Bahnhofstraße entlang, zu Fuß circa 15 Minuten | **Anfahrt** B29 Ausfahrt Waiblingen-Mitte, Richtung Stadtmitte, parken am Postplatz | **Öffnungszeiten** April–Okt. 10–18 Uhr | **Tipp** Eine weitere Oase der Ruhe ist gleich schräg gegenüber im kleinen Pfarrgarten.

79_Der fliegende Bau

... ist von Strümpfelbach nach Waiblingen »geflogen«

Zehn Jahre lang stand dieser auffällige Bau am Ortseingang von Strümpfelbach und bot zunächst als »Café Merlin«, später als Restaurant »Die Vorratskammer« seinen Gästen eine sehr eigene, schöne und mit all dem Holz auch sehr natürliche Atmosphäre. Der vollständig aus Lärchenholz konstruierte Kubus mit abgerundeten Ecken ist 21 Meter lang und gerade einmal sieben Meter breit. Die vorgelagerte Terrasse wird von mehreren Holzrahmen überspannt und ist vom Innenraum nur durch eine Glasfront abgetrennt, so setzt sich der Bau optisch nach innen – und von innen nach außen – fort. Innen ist der gesamte Raum mit schmalen Leisten aus Lärche ausgekleidet. Die Sitzbänke scheinen direkt aus der Wandgestaltung zu wachsen.

Das Gebäude war ursprünglich als Provisorium für das Café gedacht, das Teil des geplanten Dannenmann Pure Erlebniscenters mit Offener Manufaktur und Oldtimer-Galerie werden sollte. Es wurde als »fliegender Bau« konstruiert, sodass es per Kran versetzt und an einem anderen Ort aufgestellt werden kann. Entworfen wurde dieser mobile Holz-Kubus von den W67 Architekten BDA aus Stuttgart, verwirklicht von der Zimmerei Fleck aus Strümpfelbach, die für modernen Holzbau bekannt ist.

Das Erlebniszentrum blieb ein Luftschloss, das Provisorium wurde dagegen zur Dauerinstallation – bis es 2021 einer neuen Wohnbebauung weichen musste. Zum Glück fand sich ein neuer Eigentümer für diesen außergewöhnlichen Bau, der 2011 von der Architektenkammer Baden-Württemberg für Beispielhaftes Bauen ausgezeichnet wurde. In einer spektakulären Aktion wurde der 24 Tonnen schwere Bau am 11. März zunächst in zwei Hälften zerlegt, dann auf zwei Tieflader gehievt und spätnachts an seinen neuen Standort, auf dem Gelände des VfL Waiblingen, transportiert. Dort soll er künftig als Vereinsgastronomie den beliebten Biergarten direkt am Remstal-Radweg ergänzen. So folgte der Bau doch noch seiner Bestimmung und »flog« an seinen neuen Standort.

Adresse Oberer Ring 1, 71332 Waiblingen | **ÖPNV** S 2 bis Bahnhof Waiblingen, Bus 204 bis Rundsporthalle oder Bus 206 bis Freibad | **Anfahrt** B 29 Ausfahrt Waiblingen-Mitte, Parkplätze an der Rundsporthalle, Beinsteiner Straße 160, 71334 Waiblingen | **Tipp** Gegenüber auf der anderen Remsseite steht die 1973 erbaute Rundsporthalle, eine von acht Rundsporthallen des »klassischen Typs in Baden-Württemberg«, die in den 1960er und 1970er Jahren erbaut wurden.

80_Das bachofer

Molekulargastronomie in ehemaliger Apotheke

Molekularküche bedeutet, dass man Lebensmittel in die kleinsten Teilchen, die noch die Eigenschaften des zugrunde liegenden Stoffes haben, die Moleküle, zerlegt und neu zusammensetzt. Es ist also nicht verwunderlich, dass die theoretische Grundlage der Molekularküche von einem Physiko-Chemiker namens Hervé This stammt. Er erforschte die Prozesse, die während des Kochens und Zubereitens in der Nahrung ablaufen. Durch mechanische Einwirkungen, Temperaturveränderungen oder Zusatzstoffe wie Alginate können so luftige Schäume oder Kapseln mit flüssigem Kern hergestellt werden, die beim Verzehr am Gaumen zerplatzen und ein ganz neues Geschmackserlebnis bieten.

Dieses Geschmackserlebnis kann man in der ehemaligen Apotheke in der Waiblinger Altstadt, im edlen Restaurant bachofer, erleben. Bernd Bachofer hat in dem zweitältesten Haus der Stadt 2003 sein Spitzenrestaurant eröffnet, das etliche Auszeichnungen erhalten hat. Geboren ist Bernd Bachofer in Rommelshausen. Nach einer Lehre als Koch im Gasthof Hirsch in Kernen im Remstal ist er auf Wanderschaft gegangen: Dillingen, Schweiz, Bangkok, Sylt, er war bei Vincent Klink in der Wielandshöhe und im Zauberlehrling in Stuttgart. Im Restaurant Zum Hirschen in Fellbach hat er sich einen Michelin-Stern erkocht. Auf Reisen durch Europa, Asien und Afrika ließ er sich vor allem durch die japanische und südostasiatische Küche inspirieren, aber auch seine regionalen Wurzeln prägen seine Küche. Es muss also nicht ausschließlich molekulare Küche sein. Molekulare Elemente und ungewöhnliche Gar- und Präsentationstechniken kommen zum Einsatz, »wenn es denn Sinn macht und dem Gericht einen Mehrwert verspricht«.

Neugierig geworden? Bernd Bachofer verspricht eine junge, kreative und ungewöhnliche Aromaküche mit Herzblut.

Wer will, kann hier auch übernachten: Die oberen Räume wurden zu einem modernen Boutique-Hotel umgebaut.

Adresse Restaurant bachofer, Marktplatz 6, 71332 Waiblingen | ÖPNV S 2/S 3 bis Bahnhof Waiblingen, die Bahnhofstraße entlang, zu Fuß circa 15 Minuten | Anfahrt B 29/B 14 Ausfahrt Waiblingen-Mitte, parken am Postplatz oder im Parkhaus Marktgasse | Öffnungszeiten Do 12–15 Uhr, Di–Sa 18.30–24 Uhr | Tipp Weitere Sternerestaurants im Remstal: Oettinger's Restaurant, das Goldberg und avoi in Fellbach und das Malathounis in Kernen-Stetten.

81 Der Rauchkristallbrunnen

Sinnbild für die Remsschlingen

In den 80er Jahren gab es am Staufer-Gymnasium einen Kunstlehrer, unter dessen fachkundiger und leidenschaftlicher Anleitung sich Kreativität und Kunstverstand entwickeln konnten und die Stunden wie im Nu verflogen: Hüseyin Altin. Nach Unterrichtsschluss arbeitete er 13 Monate lang im Steinbruch Lauster bei Stuttgart-Münster und schuf aus 60 Tonnen Kärntner Rauchkristall einen Brunnen, der seitdem den Platz vor dem Bürgerzentrum ziert.

Der Brunnen verbindet spielerische Eleganz mit Funktion. Eine über zwei Meter hohe, knospenartige Säule scheint dem Boden regelrecht zu entsprießen. Die Natur mit ihren Remsschlingen und die Talauenwege ringsum inspirierten Hüseyin Altin: Ließe man ein Tuch über die Talaue fallen und würde es, leicht gedreht, wieder anheben, entstünde diese aufragende Form. Sämtliche Pfade scheinen an dieser Stelle zusammenzulaufen. Wo ein Brunnen ist, sei stets Kraft und Energie, so der Künstler. Er wollte, dass der Brunnen belebt ist, von seinen Besuchern erlebt wird. So wird es ihn freuen, wenn Kinder vergnügt im Wasser planschen, das in feinen Kaskaden herabfällt und in der Sonne glitzert.

Hüseyin Altin, geboren in Denizli in der Türkei, ist nicht nur Kunstpädagoge, sondern auch Bildhauer, der hier im Remstal, in Urbach, lebt. Nach seinem Studium an der Staatlichen Akademie der Bildenden Künste in Stuttgart erhielt er Stipendien der Kunststiftung Baden-Württemberg und wurde mit dem Erich-Henkel-Preis des Künstlerbundes Baden-Württemberg ausgezeichnet. So sind nicht nur seine Arbeiten ein Teil des Remstals, sondern auch er selbst ist eng mit dem Remstal verbunden. Wie schrieb schon Theodor Fontane: »Das Leben ist doch immer nur der Marmorsteinbruch, der den Stoff zu unendlichen Bildwerken in sich trägt; sie schlummern darin, aber nur dem Auge des Geweihten sichtbar und nur durch seine Hand zu erwecken.« Es war das Auge von Hüseyin Atlin, das in einem groben Rauchkristallblock diesen Brunnen sah.

Adresse beim Bürgerzentrum Waiblingen, An der Talaue 4, 71334 Waiblingen | **ÖPNV** S 2/S 3 bis Bahnhof Waiblingen, Bus 201, 202, 204, 207, 209 und 210 bis Haltestelle Bürgerzentrum | **Anfahrt** B 14/B 29 Ausfahrt Richtung Waiblingen-Mitte, parken am Hallenbad | **Tipp** Weitere Skulpturen von Hüseyin Altin stehen in Waiblingen (Kreisbau Mayenner Straße), in Kernen (Rathausbrunnen), in Schorndorf (Marktplatz) und in Urbach.

82 Die Galerie Stihl

Futuristisches Kunstensemble

Es war nicht unumstritten, das futuristisch anmutende Kunstensemble, das 2009 vor den Mauern des altehrwürdigen mittelalterlichen Fachwerkstädtchens gebaut wurde. Zu modern, zu wenig Mittelalter. Und doch passt es perfekt zu der »jungen Stadt in alten Mauern«. Inzwischen ist das Ensemble aus Galerie und Kunstschule bis weit über die Landesgrenzen bekannt, wird im Deutschen Architektur Jahrbuch 2009/10 zu den 26 besten Bauten der Republik gezählt und wurde mit dem Hugo-Häring-Landespreis 2012 für vorbildliche Bauwerke in Baden-Württemberg ausgezeichnet.

Besonders spannend ist der Blick, wenn man die Stadt über den Remssteg betritt: im Vordergrund die Plastik des dänischen Künstlers Olafur Eliasson. Von der Mitte aus scheinen die Stahlarme einer Fontäne gleich in die Höhe zu schießen und dann wieder zurück auf den Boden zu stürzen. Dieser »Pavillon für Waiblingen« greift das Thema Wasser und die industriell anmutende Architektur der dahinterliegenden Kunstschule und Galerie auf. Eine Haut aus durchscheinendem Industrieglas umschließt die beiden abgerundeten Baukörper. Sie wurden so positioniert, dass sie nur durch eine Gasse voneinander getrennt sind. Wenn man näher kommt, taucht am Ende dieser Gasse das imposante »Haus der Stadtgeschichte« (siehe Ort 83) mit seinem hellen Fachwerk auf. Das ist der spannende Moment, in dem moderne Architektur auf Geschichte trifft. Geht man noch ein paar Schritte weiter, öffnet sich ein Platz von der Galerie bis zur historischen Stadtmauer. Das Ensemble wird ergänzt durch das Galeriecafé, das architektonisch an die ehemalige Scheuer der Häckermühle und die Satteldächer der Altstadt angelehnt ist.

Die Galerie Stihl zeigt Wechselausstellungen zum Thema Arbeiten auf und aus Papier. Wenn es dunkel wird und das helle Kunstlicht von innen nach außen strahlt, wirkt das Gebäude wie ein leuchtender Kristall …

Adresse Weingärtner Vorstadt 16, 71334 Waiblingen | **ÖPNV** S 2 / S 3 bis Bahnhof Waiblingen, Bus 201 bis Haltestelle Galerie | **Anfahrt** B 29 / B 14 Ausfahrt Waiblingen-Mitte, Parkplatz Galerie Stihl | **Öffnungszeiten** Di, Mi, Fr – So 11 – 18 Uhr, Do 11 – 20 Uhr | **Tipp** Auch am anderen Ende der Altstadt beim ehemaligen Fellbacher Tor wurde mit dem Postplatz-Forum ein moderner Kontrapunkt zur historischen Altstadt gesetzt.

83 Das ehemalige Gerberhaus

Stimmen der Bewohner in der Bohlenstube

Es ist eines der beeindruckensten Fachwerkhäuser in Waiblingen, das ehemalige Gerberhaus in der Weingärtner Vorstadt. Auf der Vorderseite, direkt an der Rems, befand sich einst die Gerbervorstadt. Dank der Lage außerhalb der Stadtmauer blieb das Haus von dem großen Brand von 1634 verschont und ist heute der älteste erhaltene Profanbau der Stadt.

Gebaut wurde das Haus mit seinem schönen alemannisch-fränkischen Sichtfachwerk in Eiche zwischen 1549 und 1553. Besonders ist die innere Aufteilung. Der heutige Bestand in der auffallenden Trapezform seines Grundrisses wurde über älteren Mauerwerkszügen zweier Vorgängerbauten angelegt. Die ehemalige Unterteilung in zwei Bereiche bestimmte auch den mehrgeschossigen Fachwerkaufbau. Jeder Bereich war durch einen separaten Eingang zugänglich, zwei Treppen führten in das darüberliegende Stockwerk. Dort befinden sich wiederum zwei getrennte, geschossversetzte Bohlenstuben, sodass zwei Familien das Haus bewohnen konnten.

Bohlenstuben waren in der Renaissance die Schmuckstücke stattlicher Fachwerkhäuser. Eine Bohlenstube muss man sich als einen aus besonders dicken Brettern in massiver Ständerbohlenweise errichteten Kasten vorstellen, bei dem an den Raumecken, wie bei einem Blockhaus, die Bohlen ineinander verzahnt sind. Auch die Fenster- und Türstöcke bestehen aus massiven Holzbalken. Dieser Kasten wurde mit den anschließenden Wandbohlen verbunden. So boten die Bohlenstuben eine gute Isolierung, waren rauchfrei beheizbar und durch verglaste Fenster lichtdurchflutet.

Die »gute Stube« im Gerberhaus ist nur spärlich möbliert. In der Mitte ein großer Tisch, an den Wänden entlang ein paar Stühle. Und plötzlich aus dem Nichts: Stimmen ehemaliger Bewohner dieses Hauses, die Geschichten aus längst vergangenen Zeiten erzählen, als sie hier als Weißgerber, Weingärtner, Auswanderer oder Gastarbeiter lebten …

Adresse Haus der Stadtgeschichte, Weingärtner Vorstadt 20, 71332 Waiblingen | **ÖPNV** S 2/S 3 bis Bahnhof Waiblingen, circa 10 Minuten zu Fuß in die Innenstadt | **Anfahrt** B 29/B 14 Ausfahrt Waiblingen-Mitte, Parkplätze Marktgarage oder Galerie Stihl | **Öffnungszeiten** Di–So 11–18 Uhr, öffentliche Führung jeden 1. So im Monat 14 Uhr | **Tipp** Jedes Jahr Ende Juni findet auf den Brühlwiesen ein Mittelaltermarkt statt. Waiblingen – wie auch Schorndorf – ist Teil der Deutschen Fachwerkstraße.

84 Der Karzerturm

Spuk im Turm?

Der Karzerturm ist leicht zu übersehen. Dabei hat ihn jeder schon einmal passiert, wenn er im Waiblinger Apothekergarten (siehe Ort 78) oder im historischen Mauergang unterwegs war. Vom Apothekergarten aus kann man ihn sogar betreten: Die idyllische Laube, die auf der rechten Seite über die Stadtmauer hinausragt, sitzt auf dem Karzerturm.

Rechts vom Apothekergarten führt der Mauergang direkt zum Karzerturm. Rechts in der alten Tür gibt es eine kleine Öffnung. Wer sich traut, schaut hinein. Einer Legende nach sollen dort noch die Gebeine eingekerkerter Gefangener liegen.

Bis ins frühe 20. Jahrhundert wurden aufmüpfige Studenten in den Arrestzellen der Universitäten, den Karzern, eingesperrt. Neben dieser Disziplinarmaßnahme galt es unter den Studenten aber auch als Mutprobe, ein paar Tage im Karzer zu verbringen. Als 1635 in Tübingen die Pest wütete, hat Georg Harzesser, der Dekan der Universität Tübingen und gebürtiger Waiblinger, Teile der Hochschule nach Waiblingen verlegt und den Turm als Arrestzelle genutzt. Gebeine wurden keine gefunden. Auch nicht von einem Leichnam, den die Studenten einer anderen Geschichte nach im Karzerturm heimlich seziert haben sollen …

Ursprünglich war der Karzerturm ein Wehrturm, der der inneren Stadtmauer aus der Zeit um 1250 vorgelagert wurde. Um 1450 erhielt er ein weiteres Geschoss und diente ab 1600 als Kerker. Von den insgesamt 1.400 Metern, die von der Waiblinger Stadtmauer noch erhalten sind, sind 900 Meter begehbar – am Hochwachtturm im Westen und im Abschnitt zwischen dem Karzerturm und dem Beinsteiner Torturm. An manchen Stellen sind Häuser direkt an die Mauer gebaut. Bei Nacht kann es in dem Mauergang schon ein wenig unheimlich sein. Hartnäckig hält sich die Geschichte, dass kurz vor Mitternacht in hellen Vollmondnächten im Karzerturm wieder ein Totenkopf erscheint …

Adresse Kurze Straße 33, 71332 Waiblingen | ÖPNV S 2/S 3 bis Bahnhof Waiblingen, von dort die Bahnhofstraße entlang, zu Fuß circa 15 Minuten | Anfahrt B 29 Ausfahrt Waiblingen-Mitte, Richtung Stadtmitte, parken am Postplatz | Tipp Der Mauergang endet am Beinsteiner Tor, dem einzigen erhaltenen Stadttor der mittelalterlichen Stadt, das einst als Oberamtsgefängnis diente.

85 Der Hochwachtturm

Schauplatz der »Kronenwächter«

In der Einleitung seines Romans »Die Kronenwächter« beschreibt Achim von Arnim, wie man vom Neckar zum »Einfluss« der Rems und durch das reiche Wiesental in die alte Stauferstadt Waiblingen kommt, in der er die Handlung seines Romans über die Staufer ansiedelte. Dabei ist er selbst nie in Waiblingen gewesen.

Ob die Staufer tatsächlich in Waiblingen waren, lässt sich schwer nachvollziehen. Zumindest hatte Bischof Otto von Freising, der Onkel von Friedrich I. Barbarossa, in einer Chronik verkündigt, die Staufer stammten von »Heinrichen zu Waiblingen« ab. Mit dem Tod des letzten Stauferkaisers Friedrich II. im Jahr 1250 brach auch das staufische Reich zusammen. Aber eine Legende erzählte, Friedrich II. sei gar nicht tot, er würde zu einer bestimmten Zeit wiederauferstehen, das Werk der Staufer vollenden und das Reich zu neuer Größe führen.

Diese Sage hat Achim von Armin in den »Kronenwächtern« verarbeitet. In Waiblingen wird der Romanheld Berthold als Findelkind vor dem Turm abgelegt und vom Turmwärter großgezogen. Später stößt er auf die Ruinen eines Barbarossa-Palastes, geleitet von dem Geheimbund der Kronenwächter, die wieder zu alter Macht gelangen wollten. Doch anstatt den Palast wiederaufzubauen, errichtet Berthold darauf eine Tuchfabrik, wird erfolgreicher Fabrikant und schließlich Bürgermeister. Den Barbarossa-Palast hat es in Waiblingen nie gegeben, aber der Sockel des Hochwachtturms könnte tatsächlich von den Staufern gebaut worden sein.

118 Stufen führen hinauf in zwei Turmstübchen, die sich dem »Staufermythos« und den Kronenwächtern widmen. Eine Tür führt nach draußen auf einen Turmumlauf und gibt den Blick frei auf die Altstadt mit ihren verwinkelten Gassen, romantischen Plätzen und schmucken Fachwerkhäusern.

Als Achim von Armin später Waiblingen besuchen wollte, drehte er aus Sorge, enttäuscht zu werden, kurz vor den Toren wieder um …

Adresse beim Hochwachtturm 5, 71332 Waiblingen | **ÖPNV** S 2/S 3 bis Bahnhof Waiblingen, circa 10 Minuten zu Fuß in die Innenstadt | **Anfahrt** B 29/B 14 Ausfahrt Waiblingen-Mitte, Parkplatz Marktgarage | **Öffnungszeiten** Sa, So 11.30–12.30 Uhr, Mo–Fr kann man in der Touristinformation gegen ein Pfand den Schlüssel holen, Mo–Fr 9–18 Uhr, Sa 9–14 Uhr | **Tipp** Wer mag, kann sich auf dem Turm auch trauen lassen.

86 Die Neidköpfe

Wilde Männer, Löwen- und Gorgonenköpfe

Mal lachend, mal grimmig, mal furchteinflößend: Von 13 der historischen Fachwerkhäuser in der Waiblinger Altstadt schauen Köpfe, Fratzen und Gesichter auf die Menschen herab. Es sind stattliche Häuser – Häuser, die sicher auch einen gewissen Neid hervorgerufen haben. Die Neidköpfe sollten Unheil abwehren und die Bewohner vor dem »bösen Blick« schützen. Damals glaubte man, der böse Blick könne Frauen die Milch entziehen oder Säuglinge schwindsüchtig machen. Man versuchte sich mit einer Gebärde vor ihm zu schützen, die seit Jahrtausenden in allen Kulturen bekannt ist: der gebleckten Zunge.

Bereits in der Antike sollte der Kopf der Medusa, das Gorgoneion, den bösen Blick abwehren. In der Renaissance kam es durch klimatische Veränderungen im Zuge der sogenannten »kleinen Eiszeit« zu langen, kalten Wintern, Ernteausfällen und Hungersnot. Das Elend der Menschen führte zu einem Erstarken des Hexenglaubens in Nordeuropa. Mit den Neidköpfen sollte den Hexen und bösen Geistern Angst eingejagt werden, um so zu verhindern, dass sie das Mehl durch den Getreidepilz Mutterkorn verseuchten.

Vorlage für die Waiblinger Neidköpfe waren die in der Renaissance in Italien an Herrschaftshäusern angebrachten Gorgonenköpfe: Gesichter mit übergroßen, fixierenden Augen und Schlangenhaaren. Aber es gab auch Löwenköpfe, ein Zeichen der Stärke und Sinnbild der Macht, wilde Männer und Soldaten mit bärtigen Gesichtern und drohendem Blick, die vermutlich türkische Janitscharen darstellen sollen, und grimmige, wilde Mischgesichter, die die Zähne fletschen. Doch an einigen Häusern befinden sich auch schöne Gesichter, verbunden mit Personennamen und gottesbezogenen Schutzsprüchen. Diese stellten ab 1700 den Erbauer des Hauses dar. Neben der Abwehr des Bösen dienten die Neidköpfe also durchaus auch als Erkennungszeichen und zeigten den Wohlstand des Bauherrn.

Adresse Infobroschüre mit Neidkopf-Rundgang erhältlich bei der Touristinformation, Scheunengasse 4, 71332 Waiblingen | **ÖPNV** S 2 / S 3 bis Bahnhof Waiblingen, von dort die Bahnhofstraße entlang, zu Fuß circa 15 Minuten | **Anfahrt** B 29 Ausfahrt Waiblingen-Mitte, Parkplatz Galerie | **Tipp** Die Touristinformation bietet eine spezielle Neidkopfführung an, und es gibt auch eine Neidkopfsuche für Kinder.

87 Der Remssteg

In kühnem Schwung über die Rems

»Auch mit Beton lassen sich grazile Bogen spannen, so flach, dass man sein federndes Schwingen in der zitternden Spiegelung im Wasser spürt. Das Geländer aus dünnen roten Stäben könnte nicht zarter sein und betont so das fast Schwebende«, so Professor Fritz Leonhardt, der Stuttgarter Bauingenieur, der nicht nur den Stuttgarter Fernsehturm entwarf, sondern auch diese grazile Brücke, die am Waiblinger Bürgerzentrum über die Rems führt.

1978 wurde die Waiblinger Innenstadt neu gestaltet und mehrere Fußgängerbrücken zwischen der Altstadt und dem Landschaftspark Talaue gebaut. Der Remssteg von Fritz Leonhardt verbindet die Erleninsel mit den Brühlwiesen. Wer von der Erleninsel über die Brücke zum Bürgerzentrum geht oder den umgekehrten Weg nimmt, wird allenfalls den leichten Schwung nach oben bemerken, vielleicht innehalten und den Enten auf der Rems zuschauen. Oder den Blick auf die Altstadt mit ihrer Stadtmauer genießen. Aber gerade bei dieser Brücke lohnt es sich, auch einmal ein paar Schritte zur Seite zu gehen und sich auf die neu gestalteten Remsstufen zu setzen. Dann erst sieht man, mit welch einer Leichtigkeit sich die elegante Stahlbetonbogenbrücke über das Wasser schwingt und sich dabei perfekt in den angrenzen Park einfügt.

Der schlanke Bogen trägt eine ebenso schlanke, nur 24 Zentimeter dicke Gehwegplatte. Bogen und Gehwegplatte scheinen im mittleren Bereich zu verschmelzen. Das durchsichtige Strebengeländer betont noch die Schlankheit. Fast 28 Meter weit spannt sich der Steg von Ufer zu Ufer, insgesamt ist er 39 Meter lang.

Gleich hinter dem Remssteg beginnt der Landschaftspark Talaue, die »Grüne Lunge« der Stadt. Die Große und die Kleine Erleninsel waren einst im Besitz der Müller und dienten als Obstanger. Erst Mitte der 70er Jahre wurden sie der Öffentlichkeit zugänglich gemacht. Es entstand ein Park mit geschwungenen Wegen und schattigen Plätzchen.

Adresse beim Bürgerzentrum, An der Talaue 4, 71334 Waiblingen | ÖPNV S 2 / S 3 bis Bahnhof Waiblingen, Bus 201, 202, 204, 207, 209 und 210 bis Haltestelle Bürgerzentrum | Anfahrt B 14 / B 29 Ausfahrt Waiblingen-Mitte, Parkplatz am Hallenbad | Tipp Ein weiterer geschwungener Steg führt hinüber zur Kleinen Erleninsel mit dem Pavillon, dessen Holzfries vom ehemaligen Waiblinger Bahnhofsgebäude stammt.

88__Die Schwaneninsel

Gemütlicher Biergarten am Kulturhaus

Was macht einen Biergarten zu einem besonderen Biergarten? Zunächst einmal muss das Angebot stimmen. Erfreulicherweise sind hier alle großen Biermarken aus dem Stuttgarter Raum vertreten. Auch die Auswahl an Säften und Weinen ist groß: von Waiblinger Apfelsaftschorle von heimischen Streuobstwiesen über den Bittenfelder Träubles-Most bis zum Stettener Wartbühl Riesling. Passend dazu Brezeln, Griebenschmalz, Saurer Backstoikäs oder Wurstsalat. Der Biergarten Schwaneninsel liegt idyllisch unter Kastanienbäumen direkt vor der Stadtmauer mit Blick auf die historische Altstadt und in die grüne Talaue. In den Sommermonaten trifft man sich hier sonntags zum Jazzfrühschoppen.

Ein Blick in die Speisekarte verrät auch die Entstehungsgeschichte der Biergärten: Da es in Bayern im 19. Jahrhundert wegen der großen Brandgefahr verboten war, in den Sommermonaten Bier zu brauen, musste das im Winter gebraute Bier in tiefen Kellern gelagert werden. Zur besseren Kälteisolierung bedeckte man die Keller mit Kies, pflanzte flach wurzelnde Kastanien darüber – und schenkte das Bier gleich vor Ort aus.

Die Geschichte des Wirtshauses mit Brauerei geht bis ins Jahr 1774 zurück. Der Name »Schwanen« taucht 1837 das erste Mal auf, als das »Gasthaus zum Schwanen« ausgebaut wurde. Der Festsaal diente Generationen von Waiblingern als Versammlungsraum, es wurde Theater aufgeführt, Fasching und Hochzeiten gefeiert. Dann wurde der Schwanen als Möbelladen genutzt, später als Unterkunft für Flüchtlinge aus Osteuropa. Im Jahr 2000 baute die Stadt Waiblingen den Schwanen zu einem Kulturhaus für Konzerte, Veranstaltungen und »alle unterhaltenden und vergnüglichen Aspekte von Kultur« um. Ob nun draußen oder drinnen, die Schwaneninsel ist einen Besuch wert – und wenn man sich nur auf die Remsstufen hockt und den Schwänen zuschaut, wie sie mit ihren Jungen ihre Bahnen ziehen.

Adresse Winnender Straße 4, 71334 Waiblingen, www.biergarten-schwaneninsel.de | **ÖPNV** S 2/S 3 bis Bahnhof Waiblingen, Bus 201, 202, 204, 207, 209 und 210 bis Haltestelle Bürgerzentrum | **Anfahrt** B 14/B 29 Ausfahrt Waiblingen-Mitte, parken am Bürgerzentrum oder an der Galerie Stihl | **Öffnungszeiten** Biergarten: täglich bei Biergartenwetter 11–23 Uhr | **Tipp** Das Kulturhaus Schwanen bietet ein vielseitiges interkulturelles Programm mit vielen eigenen, selbst gewählten und selbst entwickelten Projekten (www.kulturhaus-schwanen.de).

89_Das Theater unterm Regenbogen

Mal märchenhaft, mal experimentell

Weit geht es hinunter, in der Langen Straße 32. In dem urigen Gewölbekeller steht Veit Utz Bross hinter der Theke und schenkt Getränke aus. Die kleinen Bistrotische sind eingedeckt, an den Wänden hängen Bilder vom Himalaya und Puppen aus 1001 Nacht. Heute steht jedoch Don Quijote auf dem Programm. Mit spanischem Eintopf, Gitarrenmusik und Liveperformance.

Im Kellergewölbe nebenan ist die Bühne aufgebaut. Es gibt nur gut 50 Plätze, so hat der Theaterabend einen familiären Charakter. Andrej Lebedev entlockt seiner Gitarre spanische Melodien, Sybille Bross malt auf der Bühne live das Bühnenbild, das für jede neue Szene um- und übermalt wird. Dazu erzählt Veit Utz Bross mit seinen Figuren aus dem Roman »Don Quijote« von Miguel de Cervantes. Im Gegensatz zu seinen anderen Werken verwendet Veit Utz Bross bei diesem Stück keine klassischen Figuren. Er hat stattdessen bewegliche Skulpturen aus alten Brettern geschnitzt, die gelenkig miteinander verbunden sind und dem Stück einen surrealen Charakter geben. So entsteht ein Gesamtkunstwerk aus Kunst, Malerei, Musik und Sprache.

Neben diesem experimentellen Spiel hat Veit Utz Bross aber auch schwäbische Stücke und klassisches Puppentheater für Kinder im Programm, wie »Das tapfere Schneiderlein«, »Aladdin« oder »Hänsel und Gretel«. Sein neuestes Projekt »Der Grumm« spielt an der Rems. Die Figuren von Kasper bis zu Fidel Castro hat Veit Utz Bross selbst gefertigt. Das Handwerk hat er von seinem Vater, dem bekannten Puppengestalter Fritz Herbert Bross, gelernt. Seit 1998 hat er im Waiblinger Gewölbekeller bereits 40 Stücke inszeniert.

Die Bilder an den Wänden stammen vom Kloster Zanskar im Westhimalaya, der zweiten Heimat von Veit Utz Bross. Dort verbringt er jedes Jahr mehrere Wochen und engagiert sich für den Erhalt des Klosters.

Adresse Theater unterm Regenbogen, Am Marktplatz, Lange Straße 32, 71332 Waiblingen | **ÖPNV** S 2/S 3 bis Bahnhof Waiblingen, von dort die Bahnhofsstraße entlang, zu Fuß circa 15 Minuten | **Anfahrt** B 29 Ausfahrt Waiblingen-Mitte, Parkhaus Marktgasse | **Öffnungszeiten** Spielplan siehe www.veit-utz-bross.com | **Tipp** Mit Figuren wird auch in Plüderhausen im Theater hinterm Scheuerntor (siehe Ort 25) gespielt und im Figurentheater Phoenix in Schorndorf.

90_Die Wegzeichen

Erinnerungen an die große Zeit der Ziegelherstellung

Die meisten Menschen eilen vorbei, würdigen die Kunstwerke keines Blickes. Dabei lohnt es sich, einmal innezuhalten und näher hinzuschauen, was da so entlang des Fußweges zwischen Bahnhof und Wasserturm steht: Es sind die letzten Zeugen der großen Zeit der Ziegelherstellung in Waiblingen.

Bereits 1494 befand sich am Postplatz die erste Ziegelhütte. Georg Friedrich Bihl entdeckte 1822 auf dem Gelände einer großen römischen Töpferei Wasserleitungen aus Ton, die ihn zur Produktion seiner »Bihl-schen Röhren« inspirierten. Er war damit der Begründer der modernen Ziegelindustrie. Nach seinem Tod übernahm Hermann Hess die Ziegelei und baute 1877 auf der anderen Seite des Bahnhofs ein neues Werk. Hier, wo seit 1997 das Briefpostzentrum steht, entstand unter der Leitung Friedrich Schofers noch einmal eine neue Produktionsstätte. Aus Ziegeleiabfällen entwickelte er Rundbausteine für Schornsteine, die die gemauerten Kamine ablösen sollten. Der »Schofer-Kamin« wurde zu seinem Markenzeichen. In der Blütezeit des Waiblinger Ziegeleigewerbes produzierten die Betriebe Hess, Schofer, Sixt und Pfander rund 30 Millionen Ziegelsteine im Jahr.

1967 kam das Aus für die Schofer-Ziegelei, die Herstellung von Kaminen und Ziegeln war nicht mehr rentabel. Das imposante Gebäudeensemble verfiel und drohte einzustürzen. 1995 wurde es endgültig abgerissen, das Gelände an die Deutsche Post verkauft. Bei den Abbrucharbeiten wurden Maschinen, Installationsteile und Kaminformsteine sichergestellt, um sie als Erinnerungsstücke an die über 100-jährige Ziegel- und Kaminsteinproduktion zu erhalten. Aus den Stempeln, Haken und Transmissionsrädern schuf der Künstler und Bildhauer Lutz Ackermann »Wegzeichen«, setzte sie auf Stahlsäulen, gestaltete sie zu offenen Halbkugeln um. Auch die Dampfmaschine, die die Ziegelei mit Strom versorgte, hat ihren Platz auf dem Industriepfad gefunden.

Adresse am Bahnhof Waiblingen | ÖPNV S 2 / S 3 bis Bahnhof Waiblingen | Anfahrt B 29 Ausfahrt Waiblingen-Süd, Richtung Bahnhof | Tipp Die Gebäude der Ziegelei Hess auf der anderen Seite des Bahnhofs existieren noch. Hier wird Daimler einen Entwicklungsdienstleistungspark aufbauen, die historischen Gebäude sollen erhalten bleiben.

91_Die Hegnacher Mühle

Mehl aus Emmer, Einkorn und Dinkel

Von Beinstein bis Hegnach führt der Mühlenwanderweg auf rund zehn Kilometern an insgesamt sechs Mühlen vorbei: an der Geheimen Mühle in Beinstein, der Hahnschen Mühle und der Häckermühle in der Kernstadt, der Hegnacher Mühle, der Remsmühle in Hohenacker und der Rienzhofer Mühle in Bittenfeld. Waiblingen ist damit die mühlenreichste Stadt an der Rems. Die meisten Mühlen werden heute zur umweltfreundlichen Stromerzeugung genutzt.

Die Hegnacher Mühle ist die einzige, die noch immer als Mühle genutzt wird. Gebaut wurde sie 1874, seit 1998 betreibt Ulrich Stietz die Mühle in der sechsten Generation.

Mehl ist nach wie vor eines unserer wichtigsten Grundnahrungsmittel. Bereits 8200 v. Chr. wurden in Syrien Emmer und Einkorn angebaut. Dieses sogenannte Urgetreide hat es Ulrich Stietz angetan. Er will herausfinden, wie sich diese Urgetreide hinsichtlich Wuchs, Backqualität und Vermahlungseigenschaften verhalten. Die Rückbesinnung auf alte Getreidesorten könnte eine Alternative zu dem hauptsächlich in Monokulturen angebauten Weizen sein. 2014 hat er erstmals Schwarzen Emmer, Einkorn und Dinkel auf seinen Feldern rund um die Mühle angepflanzt. Alle drei Sorten gehören zu den sogenannten Spelzgetreiden, die bei der Ernte nicht aus den Spelzen fallen, sondern hinterher geschält werden müssen. Dafür wurde extra ein Dinkelentspelzer angeschafft. Die Mehle dieser Urgetreide haben im Vergleich zum herkömmlichen Weizen eine eher gelbliche Färbung, die auf den hohen Anteil von Carotinoiden zurückzuführen ist, einer der wertvollen Inhaltsstoffe des Urgetreides.

Wenn man durch die Felder zwischen der Hegnacher Mühle und dem Ort Hegnach spaziert, kann man die Vielfalt an Spelzenfarben des Einkorns und des Emmers sehen. Auch der Weizen, der in der Hegnacher Mühle verarbeitet wird, wächst auf den Feldern der umliegenden Ortschaften.

Adresse 71334 Waiblingen-Hegnach, www.hegnachermuehle.de | ÖPNV S 2/S 3 bis Bahnhof Waiblingen, Bus 201 bis Hohenacker, Haltestelle Bildäckerstraße, von dort circa 15 Minuten zu Fuß | Anfahrt B 29 bis Ausfahrt Waiblingen-Süd, weiter Richtung Hegnach, rechts ab zur Hegnacher Mühle | Öffnungszeiten Mühlenladen Mo – Fr 8 – 12 und 13.30 – 17 Uhr, Sa 8 – 12.30 Uhr, Mühlenführungen ab 10 Personen | Tipp Bei der Hahnschen Mühle in Waiblingen kann man einen Blick ins Maschinenhaus werfen.

92 Die Hügelgräber

Grabkultur der Kelten

Im Frühling blühen im Hegnacher Hartwald seltene, zum Teil geschützte Pflanzen. Der Blaustern, der Scilla bifolia, der sich vor Jahren noch wie ein blauer Blumenteppich zwischen die Bäume legte, ist inzwischen in den Auwald an das Neckarufer abgewandert. Auch die Kelten, die einst hier lebten, sind längst nicht mehr da. Aber sie haben ihre Spuren hinterlassen …

Zwischen den Bäumen, direkt am Waldweg, der von Oeffingen zum Sportplatz in Hegnach führt, liegen in der Nähe des Wasserturms an der höchsten Stelle des Hartwaldes einige Grabhügel, die jedoch nur schwer zu erkennen sind. Sie stammen vermutlich aus der Hallstattzeit, also zwischen 750 und 450 vor Christus.

Am südwestlichen Ortsrand von Hegnach, etwas außerhalb des Waldes, wurden in den Jahren 1967/68 und 1974 zwei Grabhügel untersucht. In Grabhügel 1 fand man vier Bestattungen, in Grabhügel 2, einem sehr abgeflachten Hügel mit einem Durchmesser von rund 40 Metern, eine zentrale Grabkammer, um die sich insgesamt 20 Nebenbestattungen gruppierten. Vermutlich waren sogar noch weitere Gräber in dem Hügel, von denen aber nur noch einige Streufunde geborgen werden konnten, die sich heute im Württembergischen Landesmuseum in Stuttgart befinden. Obwohl sich Grabhügel meist um befestigte Siedlungen gruppieren, wurde im Hartwald bis heute keine Siedlung entdeckt.

Da die Kelten selbst keine schriftlichen Aufzeichnungen hinterlassen haben, kann ihr Leben nur durch Ausgrabungen und Funde rekonstruiert werden.

In der Hallstattzeit verdrängte Eisen die Bronze als Werkstoff des täglichen Bedarfs, es war der Beginn der frühen Eisenzeit. Funde lassen auf eine bereits hoch entwickelte Metallverarbeitung schließen. Bedeutende frühkeltische Zentren in der Nähe waren die Fürstensitze Hohenasperg und Hochdorf. Dort wurden reich ausgestattete Prunkgräber gefunden.

Adresse zwischen 71334 Hegnach und Oeffingen | Anfahrt B 29 Ausfahrt Waiblingen-Süd, über die L 1142 nach Hegnach, parken am Parkplatz am Hartwald, L 1197 (Seite Oeffingen) oder am Sportplatz Hartweg 49, Waiblingen-Hegnach | Tipp Hügelgräber gibt es auch in Böbingen nahe dem Wasserbehälter »Sieben Eichen«.

93__Bad Neustädtle

Wo einst Dichter und Philosophen kurten

Ein Pavillon, ein Schaukasten, der einen kleinen Einblick bietet in eine kuriose Episode Neustädter Zeitgeschichte, die man hier, im engen Talgrund des Unteren Remstals, vor den Werkstoren der Firma Stihl nicht vermutet hätte: Hier sollen sich einst schwäbische Dichtergrößen zum Heilbaden versammelt haben?

In dem Schaukasten sind ein paar alte Bretter ausgestellt, die diese Zeit noch erlebt haben dürften. Sie stammen von einer ehemaligen Remise des Heilbades, die 2000 abgebrochen wurde. Eine Fotografie zeigt das »Bad Neustädtle« als stattliches Gebäude in der ersten Hälfte des 19. Jahrhunderts, als sich der Schwäbische Dichterkreis hier zum gemeinsamen Baden traf: Eduard Mörike, Nikolaus Lenau, Karl Mayer, Ludwig Uhland und Justinus Kerner.

1682 war bei Umbauarbeiten an der Neustädter Mühle eine Quelle entdeckt worden, deren Wasser schwefelige Bestandteile enthielt. Sie wurde in einen Brunnen gefasst, aber erst 1816 als Heilwasser im Badbetrieb genutzt. Die Blütezeit des Bad Neustädtle begann 1819, als Gastwirt Friedrich Wilhelm Schuler dort ein »vorzügliches Badehaus samt Wirtschaftslokalitäten« baute. Die großzügige Anlage mit eigenem Park wurde zu einem geschätzten Erholungs- und Vergnügungsort, an dem bis zu 80 Gäste jährlich unter ärztlicher Aufsicht kurten. Über die gesundheitsfördernde Wirkung des Quellwassers in Remsnähe wurde 1839 an der Universität Tübingen sogar eine Dissertation verfasst.

Der Waiblinger Oberamtsrichter Karl Friedrich Hartmann Mayer empfing zu dieser Zeit häufig namhafte Gäste aus der Welt der Kunst und Literatur. Er verfasste selbst zahlreiche Gedichte und gehörte einer Gruppe Tübinger Studenten an, die sich um Justinus Kerner und Ludwig Uhland scharten.

Ende des 19. Jahrhunderts ging die Zahl der Kurgäste zurück, von 1895 bis 1926 diente Bad Neustädtle als Erholungsheim der Stuttgarter Ortskrankenkasse.

Adresse Badstraße 115, 71336 Waiblingen-Neustadt, gegenüber Eingang Stihl Werk I | **ÖPNV** S2/S3 bis Bahnhof Waiblingen, Bus 201, Haltestelle Neustadt – Alte Waiblinger Straße, dieser folgen bis in den Rank, links hinab bis zur Badstraße | **Anfahrt** B29 Ausfahrt Waiblingen-Mitte, An der Talaue, dann Neustädter Straße und am Kreisverkehr in die Badstraße einbiegen, parken am Stihl Werk I | **Tipp** Baden kann man heutzutage im Mineralfreibad in Winnenden-Höfen – oder im nahen Bad Cannstatt. Hier speist das zweitgrößte Mineralwasservorkommen Europas drei Mineralbäder und 19 Brunnen.

94 Die Gipsmühle

Neustadt, das Gipsmühlendorf

Ein großer Mahlstein, im Boden ein Mahlrund und eine offene Scheuer – das ist alles, was heute noch an Neustadts Vergangenheit als »Gipsmühlendorf« erinnert. Gips gab es hier reichlich. Der alte Ortsteil liegt auf einem Bergsporn, der nach Westen steil zum Remstal abfällt. Gegen Osten erstreckt sich eine Letten- und Gipskeuperfläche, aus der sich als höchste Erhebung der Sörenberg mit seinen 369 Metern erhebt.

Mit der seit Karl dem Großen bestehenden Dreifelderwirtschaft war der Nahrungsmittelbedarf im 18. Jahrhundert nicht mehr zu decken. Der Ertrag musste gesteigert werden. Der Fürstlich Hohenlohe-Waldenburgische Pfarrer Johann Friderich Mayer zu Kupferzell fand heraus, dass der rohe »Gypsstein ein allervortrefflichstes Dungungsmittel« ist.

Die am Neustädter Sörenberg eingelagerte Gipsschicht ließ sich gut aus dem Gipskeuper brechen, und so entstanden in Neustadt nach und nach zahlreiche Gipsmühlen, die als Göpel mit Pferd oder Ochse betrieben wurden. Der umlaufende Mahlstein zerkleinerte dabei das aufgeworfene Gipsgestein, sodass es als Felddünger verwendet werden konnte. Der Gips wurde bis in den Ostalbkreis verkauft und brachte ein wenig Wohlstand ins Dorf.

Mindestens 13 Gipsmühlen wurden in der zweiten Hälfte des 18. Jahrhunderts auf der Neustädter Gemarkung betrieben. Nirgendwo sonst gab es so viele nicht wassergetriebene Göpel. Die Autoren des Mühlenatlas Baden-Württemberg verliehen Neustadt dafür den Titel »Gipsmühlendorf«. Erst mit der Industrialisierung kamen effizientere Düngemittel auf den Markt, die Ära des kommerziellen Gipsabbaus ging zu Ende.

Die Rekonstruktion der historischen Gipsmühle am Sörenberg war ein besonderes Anliegen von Hermann Abelein, dem langjährigen Rektor der Friedensschule sowie Stadt- und Ortschaftsrat, und so wurde ihm zu Ehren die Gipsmühle »Hermannmühle« genannt.

Adresse verlängerter Bühlweg bei der Kelter, 71336 Waiblingen-Neustadt | ÖPNV S 2 bis Bahnhof Waiblingen, Bus 201 bis Neustadt, Haltestelle Alte Schule, von dort circa 500 Meter zu Fuß | Anfahrt B 29 bis Waiblingen, B 14 Ausfahrt Waiblingen-Mitte, Richtung Ortschaften, Neustadt, bis Ortsmitte | Tipp Gipskeuper eignet sich sehr gut für den Weinbau. Davon kann man sich auf dem zwei Kilometer langen Neustädter Weinlehrpfad überzeugen, der bei der Gipsmühle/Kelter startet.

95_Die Martinskirche

Wandmalereien erzählen mittelalterliche Legenden

Eng winden sich die Gassen rund um die Martinskirche in Neustadt. Die Kirchentüre ist meist verschlossen und lässt nicht erahnen, was für ein Schatz sich dahinter verbirgt. In den Sommerferien steht die Tür sonntagnachmittags jedoch offen. Tritt man ein, bleibt man unwillkürlich auf der Türschwelle stehen: Der gesamte Chorbogen und Chor sind in hellen Farben bemalt. Die hölzernen Kirchenbänke, die Kanzel und die kleine Orgel im Kirchenschiff geben dem Raum Struktur und eine schlichte Schönheit. Auch der Altar in der Mitte des Chors nimmt sich zurück und lässt den Blick über die Wände hinauf bis zur Decke wandern.

Es gibt viel zu entdecken auf den zum Teil verblassten Bildern. Über dem Chorbogen thront Jesus mit den Aposteln, an der Längsseite ist die Passion Christi dargestellt, der Chorraum dagegen ist der Familien- und Kindheitsgeschichte Jesu gewidmet, der Geschichte der Eltern Marias, Marias Geburt und ihrer Heirat mit Josef, der Geburt Jesu und der Flucht der Familie nach Ägypten. Die Darstellung der Familiengeschichte ist heute selten, im Mittelalter war sie jedoch durchaus üblich. Außergewöhnlich ist die Darstellung von Legenden aus dem Mittelalter, die nicht in der Bibel verankert sind, wie die Kornfeldlegende, die Legende von einem Baum mit Früchten, der sich der heiligen Familie entgegenneigt, oder die Geschichte, in der Jesus und sein Cousin Johannes Tonkrüge an Sonnenstrahlen aufhängen wollen – was natürlich nur Jesus gelingt.

Vermutlich während der Reformation oder in der Pestzeit wurden die Wandmalereien übertüncht und gerieten in Vergessenheit. Erst 1954, als die Orgel ausgebaut wurde, fiel ein Stück Putz von der Wand, und die Malereien wurden durch Zufall wiederentdeckt und freigelegt. Untersuchungen haben ergeben, dass sie aus dem 14. Jahrhundert stammen und damals in der Secco-Technik auf den trockenen Untergrund aufgemalt wurden.

Adresse Im Unterdorf 18, 71336 Waiblingen-Neustadt | ÖPNV S 3 bis Bahnhof Waiblingen-Neustadt, Bus 201 bis Haltestelle Rathaus | Anfahrt B 14 Ausfahrt Waiblingen-Mitte, Richtung Ortschaften, Neustadt, bis Rathaus | Öffnungszeiten in den Sommerferien So 14–17 Uhr, um 15 Uhr öffentliche Führung; sonst kann der Schlüssel im Gemeindebüro, Im Unterdorf 12, Tel. 07151/83561 ausgeliehen werden; außerhalb der Öffnungszeiten auch bei Kirchenwächterin Helga Bindel oder Pfarrer Bauer | Tipp Ein moderner Gegenpart sind die Marienkirche aus den 1960er und das Kulturdenkmal Schneidersiedlung mit seinen Terrassenhäusern aus den 1980er Jahren.

96 Das Remstal-Viadukt

Die Überbrückung des Remstals in 42 Meter Höhe

1804 entwickelte der Brite Richard Trevithick die erste Dampflokomotive. Die erste öffentliche Eisenbahn, die neben Gütern auch Personen beförderte, wurde 1825 zwischen Stockton und Darlington eröffnet. In Deutschland wurde 1835 die erste Strecke zwischen Nürnberg und Fürth in Betrieb genommen. Durch die Industrialisierung entwickelte sich binnen weniger Jahrzehnte ein vernetztes Schienensystem, das die Fahrt- und Transportzeiten drastisch verkürzte. So suchten auch die Königlich Württembergischen Staats-Eisenbahnen nach einer direkten Verbindung zwischen Stuttgart und Nürnberg und entschieden sich für die Trasse zwischen Waiblingen und Winnenden.

1871 begannen die Planungen für die Murrtalbahn mit einem Viadukt, das das untere Remstal bei Neustadt in 42 Meter Höhe mit einem 240 Meter langen Stahl-Fachwerküberbau auf drei Pfeilern aus rotem Calwer Sandstein überbrücken sollte. Am 26. Oktober 1876 fuhr der erste Zug über das Viadukt.

Wenige Tage nach Ende des Zweiten Weltkriegs, am 21. April 1945, sprengte die Wehrmacht auf der Kleinhegnacher Seite zwei Pfeiler. Ein Jahr lang war auf beiden Seiten des Viadukts Endstation. Durch behelfsmäßige Reparaturen konnte der Zugverkehr am 10. August 1946 zwar wieder aufgenommen werden, es dauerte jedoch noch bis 1955, bis das Viadukt vollständig wiederhergestellt war.

1962 musste die Murrtalbahn zweigleisig ausgebaut und elektrifiziert werden. Dafür wurde ein neuer Überbau mit vorgefertigten Bauelementen über Hilfspfeilern eingeschoben. Die alte Fachwerkkonstruktion wurde zerlegt und verschrottet. Am 26. September 1965 wurde das damals zusammen mit dem Schwaikheimer Tunnelbau größte und anspruchsvollste Bauprojekt im Bereich der Bundesbahndirektion Stuttgart vollendet. Am 27. September 1975 schnaufte die letzte Dampflok über das Remstalviadukt, seit 1981 verkehren hier die Züge der Linie S 3.

Adresse zwischen 71336 Waiblingen-Hegnach und Neustadt | ÖPNV S 3 bis Bahnhof Neustadt-Hohenacker | Anfahrt B 29 Ausfahrt Waiblingen-Mitte, Richtung Ortsteile Neustadt und Hohenacker, Park- und Wanderparkplätze am Bahnhof Neustadt-Hohenacker und in Hegnach | Tipp Auf einer acht Kilometer langen Rundwanderung sieht man das Viadukt von unten, oben und von der Seite: zwischen Hegnacher Mühle und Kleinhegnach am Talrand oben entlang, zurück entlang der Rems im Tal. Die Modellbahnervereinigung Winnenden PMW lässt auf einer 600 Meter langen Rundstrecke mehr als 300 Züge fahren (www.pmw-winnenden.de).

97 Der Jakobusaltar

Die Legende vom Hühnchenwunder

Seit über 100 Jahren wandern Pilger aus ganz Europa auf dem Jakobsweg zum Grab des Apostels Jakobus in die spanische Stadt Santiago de Compostela. Einer dieser Wege führt auf der Strecke von Rothenburg ob der Tauber nach Rottenburg direkt durch Winnenden. Ritter des Deutschen Ordens stifteten um 1520 hier einen Altar, um den Pilgern auf der Durchreise ein geistliches Zentrum zu geben.

Der schlicht gehaltene Kirchenraum strahlt Ruhe aus und lenkt den Blick des Besuchers auf den kunstvoll geschnitzten Jakobusaltar. In seinem Mittelpunkt ist der Apostel Jakobus abgebildet, der einer der zwölf Jünger Jesu war.

Auf den Relieftafeln rechts und links ist die Legende vom Hühnchenwunder zu sehen. Die Legende erzählt von einem deutschen Pilgerpaar aus Xanten, das mit seinem Sohn in Santo Domingo de la Calzada in einer Pilgerherberge übernachtete. Die Wirtstochter verliebte sich in den gut aussehenden Sohn, der sie jedoch abwies. Sie rächte sich, indem sie ihm einen silbernen Becher ins Gepäck steckte und wegen Diebstahls anzeigte. Der Sohn wurde gehängt. Auf dem Rückweg von Santiago wollte ihn die Familie beerdigen, doch oh Wunder: der Sohn am Galgen lebte! St. Jakobus hatte ihn die ganze Zeit hochgehalten und so vor dem Tod bewahrt. Als die Eltern den Richter aufsuchten, deutete dieser auf zwei Hühner, die er auf dem Bratspieß hatte, und meinte, der Sohn sei genauso tot wie diese. Da wuchsen den Hühnern wieder Federn, und sie flogen davon. So erkannte der Richter, dass er ein Fehlurteil gesprochen hatte.

Winnenden hat also eine ganz besondere Beziehung zu Santo Domingo de la Calzada, dem Ort des Wunders, mit dem sie seit 1993 auch städtepartnerschaftlich verbunden ist. An der Jakobslinde vor der Schlosskirche ist ein Wegweiser zu Städten entlang des Pilgerpfades angebracht: 2.345 Kilometer sind es von hier bis nach Santiago de Compostela.

Adresse Schlossstraße, 71364 Winnenden | ÖPNV S 3 bis Bahnhof Winnenden, zu Fuß circa 15 Minuten oder per Bus bis zur Haltestelle Ringstraße | Anfahrt B 29, B 14 Ausfahrt Winnenden, Bachstraße, Schlossstraße, Parkplatz am Krankenhaus | Öffnungszeiten im Sommerhalbjahr So 14–16 Uhr, ansonsten kann ein Schlüssel an der Pforte des Klinikums entliehen werden, Hochaltar-Führungen einmal im Monat um 14 Uhr | Tipp Von einem weiteren tierischen Wunder erzählt das Mopsdenkmal in der Nähe des Schlosses.

98 Die Alte Kelter

Größte historische Gemeindekelter Deutschlands

Die Alte Kelter in Fellbach ist ein architektonisches Juwel. Über dem Fachwerkbau mit einer Fläche von 30 mal 96,20 Metern wölbt sich ein über 3.000 Quadratmeter riesiges und doch filigranes Dachgebälk. Eine größere historische Gemeindekelter gibt es in ganz Deutschland nicht. Zu Recht wurde sie als Kulturdenkmal eingestuft.

Dabei stand die Alte Kelter schon mehrfach kurz vor dem Abriss. Gebaut wurde sie 1906 nach Plänen des Stuttgarter Architekten Friz. Das Gebäude wurde so konzipiert, dass durch die 25 Tore möglichst viele Trauben gleichzeitig angeliefert werden konnten. Es bot Platz für vier hydraulische Pressen, die großen Holzbottiche, in denen der Wein damals offen gärte, und insgesamt 318 komplette Geschirre für den Jahresertrag eines Kleinbetriebes. Hoch über dem geschäftigen Treiben wurde eine Vesperstube für die Weingärtner, Arbeiter und Weinherren eingerichtet. Hier wurden auch per Handschlag Geschäfte abgeschlossen. Da nur begrenzt Lagerflächen zur Verfügung standen, mussten die Weine bis zur nächsten Lese verkauft sein. Nach dem Zweiten Weltkrieg wurde durch die Modernisierung der Keltertechnik ein Neubau notwendig. Es begann ein langes, zähes Ringen um Nutzung, Abriss oder Erhalt der Alten Kelter.

Der Zahn der Zeit nagte inzwischen an dem Gebäude. So kühn die Dachkonstruktion geplant war, so wurden beim Bau auch reichlich Fehler gemacht. Wegen mangelnder Längsaussteifung hatte sich das Gebäude geneigt, die Standsicherheit konnte nicht mehr gewährleistet werden. 1997 verschob dann auch noch Orkan Wiebke den Giebel um 48 Zentimeter nach Osten, und es bestand Einsturzgefahr. Zum Glück hatte der Gemeinderat 1996 die Sanierung beschlossen. Das inzwischen stark geneigte Gebäude wurde mit Hydraulikpressen wieder ins Lot gebracht. Der riesige Hallenraum mit seinem filigranen Holzstabwerk konnte erhalten werden, und aus der Kelter wurde ein Haus der Kultur und der Weine.

Adresse Untertürkheimer Straße 33, 70734 Fellbach | ÖPNV S2/S3 Bahnhof Fellbach, Bus 60 bis Fellbach Kelter | Anfahrt B14 Ausfahrt Fellbach-Süd, Beschilderung folgen | Öffnungszeiten Blick durch die gläserne Tür: Mo–Fr ab 16 Uhr | Tipp In der alten Vesperstube, die heute als Vinothek dient, sitzt man gemütlich mit Blick in die Kelter (www.vinothek-fellbach.info). Hinter der Alten Kelter beginnt der Weinweg Fellbach mit zahlreichen Informationen zu Kultur und Geschichte des Weinbaus (siehe Ort 103).

99_Das Mörikekabinett

Mörike und die Frauen

Es waren gerade einmal zwei Monate, die der Dichter Eduard Mörike in Fellbach verbracht hat. Findige Stadtväter haben aber erkannt, dass dieser kurze Aufenthalt für Mörike doch eine sehr einschneidende Zeit war, die genug Stoff für eine Ausstellung bietet. Seit 1991 wird zudem alle drei Jahre der »Mörike-Preis der Stadt Fellbach« im Rahmen der Fellbacher Literaturtage verliehen.

Mörike war im September 1873 mit seiner Schwester Clara und seiner jüngsten Tochter Marie »auf der Flucht vor häuslichen Turbulenzen« und fand in Fellbach in einem »hübschen, ganz am äußeren Ende des Dorfes gegen Cannstatt zu, zwischen Gärten und offenen Feldern gelegenen Hause« eine Bleibe. Nach 20 Ehejahren hatte er sich von seiner Frau Margarethe getrennt. Es waren also nicht die glücklichsten zwei Monate, die er in Fellbach verbrachte.

Auch wenn er selbst kein Don Juan war, so hat er doch einige der schönsten Liebesgedichte verfasst. Frauen spielten im Leben Mörikes eine wichtige Rolle: seine Mutter, die er bereits mit 39 Jahren verlor, Clara »Klärchen« Neuffer, seine erste Geliebte, die einen anderen heiratete, seine geliebte »Vagabundin« Maria Meyer und seine ewige Verlobte Luise Rau, die zu ehelichen er sich am Ende doch nicht durchringen konnte. Vermutlich spielte dabei sein enges Verhältnis zu seinen beiden Schwestern eine Rolle. Geheiratet hat er schließlich Margarethe von Speeth, eine Freundin seiner Schwester Clara, die sein ganzes Leben an seiner Seite blieb. Diese von Mörike überaus geschätzte »Ménage à trois« wurde allerdings durch die Heirat nachhaltig gestört, und die Spannungen zwischen den Freundinnen übertrugen sich auch auf das Ehepaar. Die Ehe zerbrach endgültig bei einem Streit um die Verlobung ihrer Tochter Fanny.

Bereits nach zwei Monaten mussten sie Fellbach wieder »bitter ungern verlassen« – Maries Tuberkulose ließ ihnen keine andere Wahl.

Adresse Stadtmuseum, Hintere Straße 26, 70734 Fellbach | **ÖPNV** S 2 / S 3 bis Bahnhof Fellbach, Bus 60 bis Fellbach Lutherkirche oder U 1 via Cannstatt | **Anfahrt** B 29 / B 14 Ausfahrt Fellbach-Süd, parken an der Schwabenlandhalle | **Öffnungszeiten** Mi – Sa 14 – 18 Uhr, So 11 – 18 Uhr | **Tipp** Auf den Spuren Eduard Mörikes wandeln kann man auch in seiner Geburtsstadt Ludwigsburg und in Lorch, wo er ebenfalls zeitweilig wohnte.

100 Der Schwabenlandtower

Deutschlands teuerstes Vogelhaus

Es war ein ehrgeiziges Projekt: In Fellbach sollte das höchste Hochhaus Baden-Württembergs entstehen. Mit 107 Metern würde der nach dem Bauunternehmen M. Georg Warbanoff benannte GEWA-Tower um fünf Meter höher als das 1975 in Mannheim gebaute Collini-Center sein. Auf 34 Etagen sollten Wohneinheiten zwischen 60 und 430 Quadratmetern exklusives Wohnen mit einer einzigartigen Aussicht auf Stuttgart, Ludwigsburg und das Remstal bieten. Je höher, je exklusiver. Bis zu 9.000 Euro pro Quadratmeter sollten die obersten Wohnungen kosten.

Mit dem Verkauf dieser Luxuswohnungen wollte man den Bau finanzieren, verkauft wurden jedoch nur die unteren Wohnungen. Die Finanzierung floppte, der Bauherr war insolvent, das Projekt wurde gestoppt. Die oberen Stockwerke waren noch im Rohbau, es gab weder Fenster noch eine geschlossene Fassade. Die Suche nach neuen Investoren erwies sich als schwierig. Knapp 50 Millionen Euro hatte der Bau bereits verschlungen, weitere 22 Millionen mussten mindestens noch hineingesteckt werden.

Vielleicht liegt ja über dem Bauplatz ein böser Fluch: Bereits 1995 hätte hier ein Hotel mit 215 Apartments unter dem Namen »Le Village« entstehen sollen. Auch damals musste der Bauträger Konkurs anmelden und hinterließ eine Betonruine.

Immerhin sind inzwischen die ersten Bewohner eingezogen. Ein Wanderfalken-Pärchen hat sich den Tower als Nistplatz ausgesucht. Damit es am Ende nicht an den streng geschützten Wanderfalken liegt, dass der Bau nicht fertiggestellt werden kann, wurde für die Vögel auf dem Dach ein exklusiver Nistkasten gebaut.

Ende September 2018 wurde bekannt, dass der Turm verkauft wurde und die Luxuswohnungen in 192 Mietwohnungen umgewandelt werden sollten. In Anlehnung an die Schwabenlandhalle sollte der Turm dann Schwabenlandtower SLT 107 heißen, die 107 steht für die 107 Meter Höhe. Seither hat sich nicht viel getan …

Adresse Schorndorfer Straße 60, 70736 Fellbach | ÖPNV S 2/S 3 bis Bahnhof Fellbach, von dort circa 15 Minuten zu Fuß | Anfahrt B 14 Ausfahrt Ludwigsburg/Fellbach, am Ortseingang an der Hauptstraße | Tipp Wenn Sie vom Schwabenlandtower einen Spaziergang über das Schmidener Feld machen, werden Sie an einem weiteren kuriosen Bauprojekt vorbeikommen: Hier interpretiert ein ehemaliger Prediger der Adventgemeinde Gottes Wort als Kunst(?)-Objekte …

101 Die Steppenheide

Wie es im Remstal vor dem Weinbau aussah

Haben Sie sich jemals gefragt, wie die Landschaft des Remstals vor der Nutzung für den Weinbau aussah? Auf dem Fellbacher Kappelberg gibt es eines der letzten Überbleibsel des Heidekranzes, der einst Stuttgart umgab.

Der Kappelberg ist der westlichste Teil des Schurwald-Höhenzuges, der sich entlang des Remstals vom Neckar- bis zum Filstal hinzieht. Der 469 Meter hohe Berg ist heute fast vollständig bewaldet, und seine Hanglagen werden für den Weinbau genutzt.

Die ersten Spuren menschlicher Besiedlung reichen in die Mittelsteinzeit (10.000–5500 v. Chr.) zurück. In der Jungsteinzeit wurden die Menschen sesshaft und brachten die Viehzucht auf den Kappelberg. Ihre Rinder, Schweine, Schafe und Ziegen weideten frei in den Wäldern. Es entstanden heideartige Lichtungsinseln, die sich über die Jahrhunderte zu lichten Weidewäldern, sogenannten Hutewäldern, entwickelten. Die sandigen, nährstoffarmen Böden des Stubensandsteins boten ideale Voraussetzungen für Segge, Aufrechte Trespe, Schafschwingel oder Edelgamander – die typischen Sträucher und Gräser einer Heidelandschaft. Die Weidetiere sorgten dafür, dass die Heiden offen blieben. Zugleich entzogen sie den Böden Nährstoffe und halfen dabei, die Flächen auszumagern. Diese nährstoffarmen und flachgründigen Böden sind Voraussetzung für das Entstehen der artenreichen und schutzbedürftigen Heideflora und -fauna.

Aus Mangel an Brennholz wurden im 19. Jahrhundert Teile der Bergkuppe mit schnell wachsenden Baumarten wie Zitterpappel oder Birke bepflanzt. Mit den Weidetieren verschwand auch ein großer Teil der Heiden, die damals fast den ganzen Vorderen Berg bedeckt hatten. Die verbliebenen Heiden sind heute die letzten Zeugnisse der Weidenutzung und daher von großer naturkundlicher und kulturgeschichtlicher Bedeutung. Um sie zu erhalten, müssen die Flächen regelmäßig freigeschnitten werden.

Adresse Kappelberg bei 70734 Fellbach | **ÖPNV** S 2 / S 3 bis Bahnhof Fellbach, von dort Bus 60 bis zur Lutherkirche oder U1 bis Fellbach Lutherkirche, von dort circa 1,4 Kilometer zu Fuß | **Anfahrt** B 14 Ausfahrt Fellbach-Süd, parken in der Nähe vom »Waldschlössle«, von dort 1 Kilometer zu Fuß | **Tipp** Am Kappelberg gibt es Tafeln mit einem Waldtiere-Quiz und einen Waldsportpfad. Vom Kappelberg hat man einen schönen Blick auf die Grabkapelle Rotenberg.

102 Die Weinstube Moiakäfer

Regionale Küche und Weine in der guten Stube

Moiakäfer – hochdeutsch Maikäfer – ist der Neckname für die Fellbacher. Woher dieser Name kommt, ist nicht eindeutig geklärt, es gibt aber mehrere Geschichten, die sich darum ranken. Einer Schwanksage nach soll ein Herzog von Württemberg zur Jagd im Hasenberg im Schmidener Feld gekommen sein. Als sich die Fellbacher Treiber im einheitlich braunen Festgewand in Reih und Glied vor dem Rathaus versammelt hatten, soll der Herzog belustigt ausgerufen haben: »Einer sieht dem andern gleich, wie die Maikäfer.« Was ursprünglich eine eher abfällige und spöttische (oder gar neidische) Bezeichnung der Bewohner umliegender Orte war, wurde von den Fellbachern selbst aufgegriffen und Teil ihrer Identität. Heute nennen sich die »eingefleischten« Fellbacher selbst stolz Moiakäfer. So auch die Gründer und heutigen Besitzer der Weinstube Moiakäfer.

In dem ursprünglich im Jahr 1848 als reines Wohnhaus einer Weingärtnerfamilie gebauten Haus richtete 1995 der damalige Besitzer Albrecht Rieger für seine Frau Barbara eine Weinstube mit dem Namen »Moiakäfer« ein, 1996 konnten die ersten Gäste begrüßt werden. 2013 übernahm Stephanie Hofmeister, die Schwiegertochter von Barbara Rieger, die Weinstube. Der ursprünglich einzige Gastraum hatte zuvor der Weingärterfamilie als Küche und Wohnraum gedient. Schon ein Jahr später entstand aus einem Teil der alten Scheune ein uriges kleines Stüble, 2005 wurde dann der alte Vorratskeller, in dem einst Kohlen und Kartoffeln lagerten, zu einem gemütlichen Weinkeller umgebaut.

Gleich nebenan im Gutslädle der Familie Rieger-Hofmeister werden edle Destillate, Liköre und Gsälz aus eigener Herstellung verkauft. Neben schwäbischem Whisky gibt es auch das »Stuttgarter Gaisle«, einen feinen Birnen-Brand.

»Neigschmeckte«, also Fellbacher Neubürger, werden übrigens von den Einheimischen als »Engerlinge« bezeichnet …

Adresse Rommelshauser Straße 9/1, 70734 Fellbach, www.weinstube-moiakaefer.de | **ÖPNV** S 2/S 3 bis Bahnhof Fellbach, Bus 60 bis Kappelbergstraße, noch 150 Meter zu Fuß | **Anfahrt** B 14 Ausfahrt Fellbach-Süd, rechts abbiegen auf Rommelshauser Straße | **Öffnungszeiten** Mo–Fr 17–22.30 Uhr | **Tipp** Die feinen Destillate werden im Gutslädle der Destillerie & Genussmanufaktur Rieger & Hofmeister nebenan verkauft (geöffnet Do und Fr 17–19 Uhr, Sa 10–14 Uhr; www.rieger-hofmeister.de).

103 Der Weinweg

Dem Genuss auf der Spur

Ein wenig kurbeln muss man schon, bevor man einer der Winzergeschichten auf dem Fellbacher Weinweg lauschen kann. Die Winzergeschichten sind ein Höhepunkt auf dem 4,3 Kilometer langen Rundweg durch die Fellbacher Weinberge. Er beginnt bei der neuen Kelter und führt dann in sanftem Anstieg bis hinauf zum Kappelberg. Einst zierten Weinzitate aus der Bibel die Wege. Diese sind längst verblichen und ausgewaschen.

Heute befinden sich an den Weinreben Hinweise zur Rebsorte. Fast 100 verschiedene sind am Kappelberg angepflanzt. Im Gegensatz zu den großen Weinbaugebieten wie Bordeaux oder Burgund setzt man hier im Remstal auf Vielfalt. Neben den beliebten »alten« Sorten wie Riesling, Trollinger, Kerner, Lemberger und Spätburgunder werden auch neue Rebsorten wie Acolon, Cabernet Mitos oder Cabernet Dorio angebaut. Ein paar sehr alte, fast ausgestorbene Rebsorten wurden als Museumsweinberg bei der Kelter angepflanzt. Die Vielfalt der Rebsorten wird sichtbar, wenn sich im Herbst alle paar Rebstockreihen das Laub in unterschiedlichen Gelb- und Rottönen färbt. Eine derartige Vielfalt an Rebsorten gibt es nur in sehr wenigen Weinbaugebieten.

Auch die biologische Vielfalt im Weinberg ist bemerkenswert. Entlang des Weges informieren immer wieder sogenannte Lesezeichen über die Flora und Fauna.

Begehrt sind die Ruhebänke, von denen der Blick weit ins Neckartal schweift, bis zur Grabkapelle Rotenberg, bis zum Stuttgarter Fernsehturm. Der Weinberg ist perfekt ausgerichtet, von den frühen Morgen- bis in die späten Abendstunden verwöhnt die Sonne an schönen Tagen die Reben – und die Spaziergänger.

Wenn die Sonne dann langsam hinter den Hügeln verschwindet und die Dämmerung einsetzt, beginnen entlang des Weinweges die Stelen, die tagsüber als Landmarken dienen, zu leuchten. Solar-Paneele haben über Tag die Kraft der Sonne eingefangen und geben sie nun wieder in die Nacht ab.

Adresse Start bei der Neuen Kelter, Kappelbergstraße 48, 70734 Fellbach, Länge Hauptweg circa 4,3 Kilometer | **ÖPNV** S 2/S 3 bis Bahnhof Fellbach, in Bahnhofstraße, Bus 60 bis Fellbach Kappelbergstraße | **Anfahrt** B 14 Ausfahrt Fellbach-Süd, Rommelshauser Straße bis Kappelbergstraße | **Tipp** Wer noch mehr über den Weinbau erfahren möchte, kann weiter über Rotenberg hinunter nach Uhlbach wandern und dort in der alten Kelter das Weinbaumuseum besuchen.

104_Das Orfeo

Kinogenuss im historischen Gewölbekeller

Unter all den Kinos und Filmpalästen der Region ist das Orfeo in Fellbach-Schmiden ein echtes Kleinod.

Vom Eingang geht es erst einmal hinunter in die »Unterwelt« – so wie auch Orpheus in der griechischen Mythologie hinabstieg, um seine verstorbene Frau Eurydike zurückzugewinnen. Gemütlich ist es hier in der Unterwelt, kein Ort der Ödnis und der Finsternis, sondern vielmehr ein Ort der Kunst. Und wie einst Orpheus den Gott Hades mit seinem Gesang und dem Spiel seiner Lyra verzauberte, so liegen der Zauber und die Magie des Kinos über dem Gewölbekeller. So steht »Orfeo« zum einen für den Ort »unter der Erdoberfläche« – es war als Name auch »Souterrain« im Gespräch –, zum anderen für die besondere Stimmung, die hier herrscht.

Mit knapp 100 Sitzplätzen und einer Leinwand von »nur« 4,5 mal zwei Metern gehört das Orfeo zu den eher kleineren Kinos. Dafür punktet der gemütliche Gewölbekeller mit seiner feinen, heimeligen, fast schon privaten Atmosphäre.

Am 13. Januar 1994 öffneten sich zum ersten Mal die Flügeltore des Orfeo. Gezeigt wurde »Orfeu Negro«, eine brasilianisch-französisch-italienische Co-Produktion, die den Mythos von Orpheus und Eurydike in die Gegenwart des Karnevals von Rio de Janeiro verlegte. Das war der Auftakt zu einer langen Reihe von europäischen und ausländischen Filmen, die oftmals auch in der Originalfassung mit Untertiteln gezeigt werden. Für sein Kinderprogramm und für besondere Filmreihen wurde der Verein Kinokult e.V. aus Ludwigsburg, der das Kino seit 1994 betreibt, schon mehrfach vom Bundesinnenministerium und der Medien- und Filmgesellschaft Baden-Württemberg ausgezeichnet. So steht das Orfeo für anspruchsvolles Programm- und Kinderkino.

Der Gewölbekeller gehört zum ältesten Haus des Stadtteils Schmiden, dem »Großen Haus«. Die imposante Hofanlage wurde 1577 erbaut und beherbergt auch die Schmidener Stadtteilbibliothek.

Adresse Butterstraße 1, 70736 Fellbach-Schmiden, www.kinokult.de | ÖPNV S 2 / S 3 Bahnhof Fellbach, Bus 58 und 60, Haltestelle Rathaus | Anfahrt B 29 / B 14 Ausfahrt Waiblingen-Süd, Richtung Hegnach, dann Richtung Schmiden, Parkplätze neben dem Kino | Öffnungszeiten Kartentel. 0711/516812 | Tipp Auch im Stiftskeller in Beutelsbach gibt es ein kommunales Kino.

105 Der »entspannte« Strommast

Ein Strommast macht Pause

Strommasten bestimmen in vielen Regionen nach wie vor das Landschaftsbild, Stromtrassen durchschneiden auf Tausenden von Kilometern unsere Kulturlandschaft. Sie sind Zeichen der Elektrifizierung, ohne Strom geht in unserer Hightechgesellschaft heute so gut wie gar nichts mehr.

Seit 80 Jahren hat sich das Aussehen der Strommasten in Deutschland kaum verändert. Der typische Strommast ist ein Stahlgitterbaum in Tannenbaumform. Durch den Umstieg auf erneuerbare Energien werden neue Trassen von der Nordsee in den Süden Deutschlands notwendig. Der Südlink soll auch das Remstal auf einer knapp zehn Kilometer breiten Trasse zwischen Murrhardt im Norden und dem Schurwald zwischen Schorndorf und Remshalden queren. Immerhin konnten zwischen Wendlingen und Korb inzwischen 70 Strommasten abgebaut werden.

All die Diskussion für und wider scheint der Strommast auf dem Schmidener Feld gelassen zu verfolgen. Er macht gerade Pause, hat es sich auf einem Trafohäuschen bequem gemacht, »spannt genüsslich aus«. Der entspannte Strommast mit dem Titel »Freizeit / Muße« ist ein Kunstprojekt von INGES IDEE, von vier Künstlern aus Berlin. Das Kunstwerk soll eine augenzwinkernde Metapher auf unsere Leistungsgesellschaft sein. Es geht um die Rolle des Einzelnen im System. Wie viel Raum lässt es uns, wie viel Raum nehmen wir uns neben beruflichen und gesellschaftlichen Zwängen für ein selbstbestimmtes Leben, zu dem eben auch Muße und Reflexion gehören? Nebenbei gemahnt der ruhende Strommast auch an den hohen Energiebedarf unserer Zivilisation.

Der Strommast ist Teil des Besinnungswegs, auf dem an zwölf Orten jeweils ein Thema aus dem Bereich Natur, Kunst, Religion und Philosophie durch Künstler interpretiert wird.

Adresse Startpunkt Besinnungsweg: Geschwister-Scholl-Straße 20, 70736 Fellbach-Oeffingen, www.besinnungsweg-fellbach.de | ÖPNV S 2 / S 3 bis Bahnhof Fellbach, Bus 60 Richtung Oeffingen, Haltestelle Kath. Gemeindezentrum, der Startpunkt befindet sich am neuen Friedhof | Anfahrt B 29 / B 14 Ausfahrt Waiblingen-Süd, über Schmiden nach Oeffingen, parken beim Friedhof | Öffnungszeiten ganzjährig, Führungen nach Voranmeldung Tel. 0711/511417 | Tipp Wenn Sie auf dem Schmidener Feld herumspazieren, halten Sie Ausschau nach einem der vom Aussterben bedrohten Rebhühner.

106_Die Kläranlage Weidachtal

Tropfkörperbehälter mit einzigartiger Akustik

Kochen, Waschen, Spülen … nichts geht ohne sauberes, frisches Wasser, das bequem aus der Leitung kommt, sobald man den Hahn aufdreht. Was aber geschieht mit dem Wasser, wenn es durch den Gully läuft? Damit Abwasser wieder sauber wird und in den natürlichen Wasserkreislauf zurückgelangen kann, haben die modernen Industriegesellschaften Klärwerke gebaut. In diesen wird das Wasser aus der Kanalisation gesammelt, gereinigt und Rückstände umweltgerecht entsorgt. So auch im Klärwerk Fellbach-Oeffingen.

Als Fellbach 2002 die Möglichkeit erhielt, sich an das Klärwerk Mühlhausen anzuschließen, das gerade erst zur modernsten Kläranlage Europas ausgebaut worden war, wurde das alte Klärwerk im Weidachtal stillgelegt. Beim Ausräumen der Lavaschlacke im westlichen Tropfkörperbehälter fiel die einzigartige Akustik in den runden Behältern auf. Die Idee von einem »Natur-Kunst-Raum« war geboren. Die nicht mehr genutzten Tropfkörperbecken wurden während der Remstal-Gartenschau im Rahmen experimenteller Installationen mit Klang, Licht und Wasser »bespielt«. Künstler, Tänzer und Musiker experimentierten mit diesem außergewöhnlichen Akustikraum, der auch in Zukunft für Kunstaktionen zur Verfügung stehen soll. Wasser soll dabei das verbindende Element zwischen den Becken und der Natur werden, die sich nach und nach die Industriebauwerke zurückerobert. Anlagen überwuchern, aus Ritzen sprießt frisches Grün. Der nicht mehr genutzte Faulturm dient nun als Aussichtsturm. Von dort oben kann man in die drei kreisrunden Becken blicken, die durch einen Rundweg verbunden sind.

Die Tropfkörperbecken wurden von außen in einem knalligen Rotton gestrichen, der das satte Grün der Umgebung nun besonders betont – und in dem inzwischen renaturierten Weidachtal zu einem echten Hingucker geworden ist.

Adresse Weidachtal/Langes Tal, 70736 Fellbach-Oeffingen | ÖPNV S2/S3 bis Bahnhof Fellbach, Bus 60 bis Oeffingen Dieselstraße, von dort circa 15 Minuten zu Fuß | Anfahrt B 29/B 14 Ausfahrt Fellbach, Stuttgarter Straße über Höhenstraße und L 1197 bis zum Spielplatz Langes Tal | Öffnungszeiten Kunstprojekt und Faulturm nur an ausgesuchten Tagen, vom Fußweg Weidachtal aus zu sehen | Tipp Das Weidachtal mündet in den Neckar. An der Mündung bietet der »Landungssteg«, ein weiteres Kunstobjekt der »Natur – Kunst – Räume Weidachtal«, einen schönen Blick auf den Neckar.

107 Das Naturschutzgebiet

Wo die Rems ihrem Ziel entgegenmäandert

Fast 80 Kilometer ist die Rems in Remseck schon unterwegs. Aus dem kleinen Bächlein ist ein stattlicher Fluss geworden, der über die Jahrhunderte schon viel erlebt hat. Ein weites Tal hat er aus dem Keuper gewaschen. Kurz vor Neckarrems, wo die Rems in den Neckar fließt, ist das Tal noch am ursprünglichsten, wird es steil und eng, weil sich der Fluss tief durch den harten Muschelkalk gearbeitet hat. 45 Meter tief – so hoch mussten entsprechend auch die Pfeiler des Viadukts gebaut werden, um das Tal zu überbrücken.

Die steilen Hänge sind bewaldet, hie und da sind noch Mauerreste ehemaliger Weinberge zu erkennen, an einer Stelle wurde solch ein Weinberg wiederaufgebaut. Rechts und links sitzen oben über den Talkanten die Ortschaften Neustadt, Hohenacker und Hegnach. Unten im Tal schlängelt sich die Rems durch Auenlandschaften und Gehölze, die zahlreichen bedrohten Pflanzen- und Tierarten Schutz bieten: Gelben Schwertlilien, Wassersternen oder dem Aufrechten Merk, aber auch Blauflügellibellen und Feuersalamandern. Und im Frühjahr lockt der Bärlauch die Sammler in das Untere Remstal, das 1987 als Natur- und Landschaftsschutzgebiet ausgewiesen wurde. Die Rems wurde hier kaum begradigt und befestigt. Bei Hochwasser werden Teile der Talaue überschwemmt, der Fluss spült dann Feinmaterial auf die Wiesen und formt so auch heute noch die Landschaft, ändert die Ufer.

Kurz vor Neckarrems führt der Weg an einem alten Steinbruch vorbei. Der dort gewonnene Muschelkalk wurde früher mit dem Vorschlaghammer zu Straßenschotter verarbeitet. Im 20. Jahrhundert übernahmen dann Maschinen, »Brechertürme«, den Abbau. 1986 wurde der Steinbruch aufgegeben und die Anlagen abgebaut. Allmählich holt sich die Natur das Gelände zurück, ist ein Biotop entstanden, auch wenn die Narben in der Landschaft noch immer deutlich sichtbar sind und es immer wieder zu gefährlichem Steinschlag kommt.

Adresse zwischen Waiblingen-Neustadt und 71686 Neckarrems, Zugang von Neckarrems, Hegnach, Hohenacker oder Neustadt | ÖPNV U14 von Stuttgart Endhaltestelle Remseck Neckargröningen oder S 3 Haltestelle Neustadt-Hohenacker | Anfahrt B 29 Ausfahrt Waiblingen-Mitte Richtung Ortsteile, Park- und Wanderparkplätze am Bahnhof Neustadt-Hohenacker und in Hegnach | Tipp Der Neckar-Rems-Weg erschließt den Spaziergängern das Naturschutzgebiet auf einer 10,6 Kilometer langen Runde, die auch abgekürzt werden kann. Startpunkt Hechtkopf (siehe Ort 108).

108 Der Hechtkopf

Am Zusammenfluss von Neckar und Rems

Am Hechtkopf in Neckarrems endet die 80 Kilometer lange Reise der Rems, hier mündet sie in den Neckar. Dabei ist der Zusammenfluss, den man vom Biergarten Bootshaus aus nächster Nähe erleben kann, so künstlich geschaffen wie der Strand am gegenüberliegenden Ufer.

1936 wurde der gewundene Neckar bei Neckarrems begradigt, um ihn schiffbar zu machen und die Hochwassergefahr zu bannen. Zahlreiche alte Hochwassermarken in den Remsecker Ortsteilen erzählen noch von der katastrophalen Flut von 1824. So wurden gewaltige Massen bewegt, um das neue Flussbett auszuheben. Die Remsmündung wurde um 80 Meter nach Norden verlegt, die Landzunge, der »Hechtkopf«, wurde künstlich aufgeschüttet. Seit 1988 verbinden zwei architektonisch beeindruckende, freitragende Fußgängerbrücken den Hechtkopf mit den gegenüberliegenden Ufern von Rems und Neckar. Sie wurden aus heimischem Fichtenholz gebaut, um an die Zeit zu erinnern, als sich in Neckarrems der erste Holzgarten an der Rems befand. Die Fichtenstämme, die im Schwäbischen Wald geschlagen wurden, hat man vom Ebnisee die Rems entlang bis zum Neckar geflößt und dann hier gelagert und umgeschlagen. 1862 wurde die Flößerei eingestellt, denn mit Eröffnung der Remsbahn war sie unrentabel geworden.

Die Holzbrücken stellten für die Bauingenieure eine besondere Herausforderung dar: Der Neckar als Bundesschifffahrtsstraße musste mit einer 80 Meter langen freitragenden Konstruktion ohne Stützen überwunden werden. Noch nie war eine Holzbrücke mit dieser Stützweite gebaut worden. Ende 1988 war es dann so weit: In Neckarrems wurde die weltweit längste freitragende Holzbrücke über den Neckar gezogen. Drei Jahre später wurde ihr um einige Meter kürzerer Zwilling über die Rems eröffnet.

Nun laden die Brücken, das Bootshaus und der 2014 neu angelegte Remsstrand am Zusammenfluss von Rems und Neckar zum Verweilen ein.

Adresse Fellbacher Straße 2/1, 71686 Remseck-Neckarrems | **ÖPNV** S 2/S 3 bis Bahnhof Waiblingen, Bus 432 oder via Stuttgart Hbf mit U14 bis Remseck | **Anfahrt** B 29/B 14 Ausfahrt Waiblingen-Süd, weiter über Neustadt und Hegnach nach Neckarrems, beim Rathaus | **Tipp** Wenn Sie im Bootshaus einkehren, reservieren Sie den Tisch ganz vorn auf dem Balkon (geöffnet Di–Fr 11–14 und ab 17 Uhr, Sa ab 17 Uhr, So und Feiertage ab 11 Uhr, Tel. 07146/2809990, www.bootshausamhechtkopf.de). Am Hechtkopf startet auch der 3,9 Kilometer lange Schlosspfad hinauf zum Schloss Remseck.

109_Die Alte Schmiede

Nach 323 Jahren ist der Ofen aus

Das Spannende an der Historischen Schmiede ist das Gebäude. Um die alten Mauern herum wurde ein modernes Mehrfamilienhaus gebaut. So konnte die Historische Schmiede erhalten und der wertvolle Bauplatz zeitgemäß genutzt werden.

323 Jahre lang wurde in den niedrigen und dunklen Räumen der Schmiede gehämmert und geschmiedet, brannte in der Esse das Feuer. Temperaturen zwischen 950 und 1.250 Grad sind notwendig, um Stahl zu formen. Kaum vorstellbar, welche Hitze und welche Luft in diesen engen Räumen herrschten.

1688 gründete der aus Aldingen stammende Handwerksmeister Hans Jerg Krauß die Schmiede in Neckargröningen. Der Schmied war damals einer der wichtigsten Handwerker im Dorf. Er stellte Geräte aus Eisen her, die in der Landwirtschaft, im Bauwesen und im Haushalt gebraucht wurden. Da für viele Schmiedeaufgaben besonderes Werkzeug benötigt wurde, spezialisierten sich die Schmiede immer mehr. 1964 zogen Adolf Krauss und sein Sohn Dieter in eine neue, moderne Werkstatt um. 20 Jahre danach übernahm Walter Suckert die alte Dorfschmiede. Als Plattner war er auf die Herstellung von Rüstungen spezialisiert. Die Plattner-Kunst erlebte um das Jahr 1500 ihren Höhepunkt, im 17. Jahrhundert kamen die Rüstungen dann aus der Mode. Heute gibt es wieder einige Plattner wie Walter Suckert, der bis zu 400 Jahre alte Originalrüstungen restaurierte und neue Rüstungen für Mittelalter-Veranstaltungen nach alten Vorbildern anfertigte. 2011 stellte Walter Suckert seine Tätigkeit als Rüstungsschmied ein. Im selben Jahr wurde die Schmiede bis auf ihren historischen Kern abgerissen und zum Museum umgebaut. Sie ist noch immer voll funktionstüchtig und vollständig eingerichtet mit Esse, Amboss, Hämmern und diversen Schmiedezangen, einer Werkbank mit Schraubstücken und Bohrmaschine. Leider gibt es in ganz Remseck keinen Schmied mehr, der diese Gerätschaften zum Leben erwecken könnte.

Adresse Wasenstraße 61, 71686 Remseck-Neckargröningen | **ÖPNV** S 2 / S 3 bis Bahnhof Waiblingen, Bus 432 oder via Stuttgart Hbf mit U14 bis Remseck | **Anfahrt** B 29 / B 14 Ausfahrt Waiblingen-Süd, weiter über Neustadt und Hegnach nach Neckarrems, nach der Neckarbrücke rechts abbiegen in die Wasenstraße | **Öffnungszeiten** am Tag des Denkmals / Museumstag, sonst Führungen auf Anfrage unter Tel. 07146/28094801 | **Tipp** Um die Ecke, in der Ludwigsburger Straße 46, gibt es noch eine historische Ölmühle (geöffnet nach Vereinbarung unter Tel. 07146/28094801).

110_Das Alte Waschhaus

»Große Wäsche« im Schafhaus

Von außen sieht es aus wie ein gewöhnliches, schmuckes Fachwerkhaus. Tritt man näher, erfährt man, dass man vor einem Schafhaus steht, das um 1700 für die Unterbringung der Tiere in kalten Nächten gebaut wurde. Fast 300 Schafe gab es damals in Neckargröningen. In dem massiv gemauerten Untergeschoss befand sich der Schafstall, darüber die Wohnung des Schäfers. 1940 richtete die Gemeinde hier zusätzlich eine öffentliche Waschküche ein.

Früher wurde Wäsche in mühseliger Handarbeit mit Waschbrett, Wasser und Seife gereinigt. Die »große Wäsche« fand alle vier bis sechs Wochen statt, dauerte oft ein bis zwei Tage. Deshalb haben schon relativ früh findige Tüftler Apparaturen ersonnen, die die Arbeit erleichtern sollten.

Bereits 1767 konstruierte Jacob Christian Schäffer eine Waschmaschine mit Holzrührwerk. Für die aufstrebende Textilindustrie zu Beginn des 19. Jahrhunderts wurden die ersten mechanisierten Großwaschmaschinen gebaut, ab 1910 mit separatem Elektromotor und Transmissionsriemen. 1951 kam in Deutschland der erste Trommelwaschvollautomat auf den Markt. Miele baute 1955 die »Miele 155/1«, eine Waschmaschine mit offener Trommel, einer Schraube zum Umwälzen der Wäsche und einer Mangel. Mehr als 250.000 Stück wurden produziert. Doch noch Ende der 1960er Jahre besaßen weniger als 50 Prozent aller westdeutschen Haushalte einen Waschautomaten. Mit 2.000 Mark waren die Maschinen noch sehr teuer, zudem recht groß, schwer und reparaturanfällig. So wurden 1965 in Westdeutschland noch 26.000 Gemeindewäschereien gezählt.

Seit 1994 bleibt auch in Neckargröningen die Waschküche trocken, die Zeit scheint stehen geblieben zu sein: Lange Unterbüchsen hängen auf der Leine, auf dem Wandbord eine Sammlung alter Waschpulver und natürlich die Maschinen: die Miele 155/1, Industriewaschmaschinen der Stuttgarter Fima Seibt+Kapp, eine davon noch mit Holzfeuerung …

Adresse Wasenstraße 54, 71686 Remseck-Neckargröningen | ÖPNV S2/S3 bis Bahnhof Waiblingen, Bus 432 oder via Stuttgart Hbf mit U14 bis Remseck | Anfahrt B29/B14 Ausfahrt Waiblingen-Süd, weiter über Neustadt und Hegnach nach Neckarrems, nach der Neckarbrücke rechts | Öffnungszeiten am Tag des Denkmals/Museumstag, sonst Führungen auf Anfrage Tel. 07146/28094801 | Tipp Auch im ehemaligen Klassenzimmer im Museum »Altes Schulhaus« in Neckarrems kann man in vergangene Zeiten eintauchen.

111 Der Jüdische Friedhof

Das Haus der Ewigkeit

Er ist nicht leicht zu finden, der Jüdische Friedhof in Hochberg: kein Schild, nur ein unscheinbarer Abzweig kurz vor Hochberg, ein Hohlweg, der hinunter an das Neckarufer führt, und in der Kurve ein schmiedeeisernes Tor in einer alten Steinmauer. Erst wenn man ein paar Schritte die Mauer entlanggeht, öffnet sich der Blick auf die bemoosten Steingräber, die in zwei, drei langen Reihen entlang der schmalen Geländeflanke stehen. Die Inschriften sind schon etwas verwittert, aber man kann die hebräischen Schriftzeichen noch gut erkennen. Es ist ein sehr friedlicher, aber auch mystischer Ort. 1925 wurde hier der letzte Tote begraben, seitdem sind keine neuen Gräber hinzugekommen.

Um 1760 kam der erste Jude, Abraham Gideon, nach Hochberg. Die Freiherren von Gemmingen erlaubten jüdischen Familien die Ansiedlung gegen eine Aufnahmegebühr und ein jährliches Schutzgeld. Die jüdische Gemeinde wurde um 1772 gegründet, die ältesten Gräber stammen aus dem Jahr 1784. Auch Juden aus Cannstatt, Ludwigsburg und Stuttgart sind hier begraben. Der jüdische Teil des Hoppenlau-Friedhofs in Stuttgart wurde erst 1834 angelegt.

1939 hat der letzte jüdische Bürger Hochberg verlassen. Er kam damit einer Deportation zuvor. Geblieben sind die 241 Grabsteine. Die Theologin Ulrike Sill hat 1992 bis 1998 im Auftrag des Landesdenkmalamtes die hebräischen Inschriften dokumentiert und gemeinsam mit Gil Hüttenmeister von der Universität Tübingen übersetzt. Gertrud Bolay, Schulleiterin in Hochberg, hat zudem die Geschichte der jüdischen Familien, die hier ihre letzte Ruhe gefunden haben, erforscht und herausgegeben.

Ein verwunschener, aber nicht vergessener Ort. Auf einigen der Grabsteine liegen noch kleine Steine, die Besucher hiergelassen haben, um die Toten zu ehren. »Haus der Ewigkeit« wird ein jüdischer Friedhof im Hebräischen genannt. Der Ewigkeit kommt man auf diesem Friedhof ein kleines Stückchen näher …

Adresse Neckarremser Straße, 71686 Remseck-Hochberg | ÖPNV Bus 402 von Neckargröningen, Bushaltestelle Lindenstraße | Anfahrt B 29 / B 14 Ausfahrt Waiblingen Süd, weiter über Neustadt und Hegnach über Neckarrems nach Hochberg, gleich am Ortseingang | Tipp In der Hauptstraße gibt es mehrere Häuser, die von jüdischen Bürgern gebaut wurden (Nr. 6, 24), so auch die Schildgaststätte »Rose« (Nr. 10). Adolf Falk, der letzte jüdische Bürger, wohnte in der Hauptstraße 18. In der Hauptstraße 20 befand sich die »Alte Synagoge«.

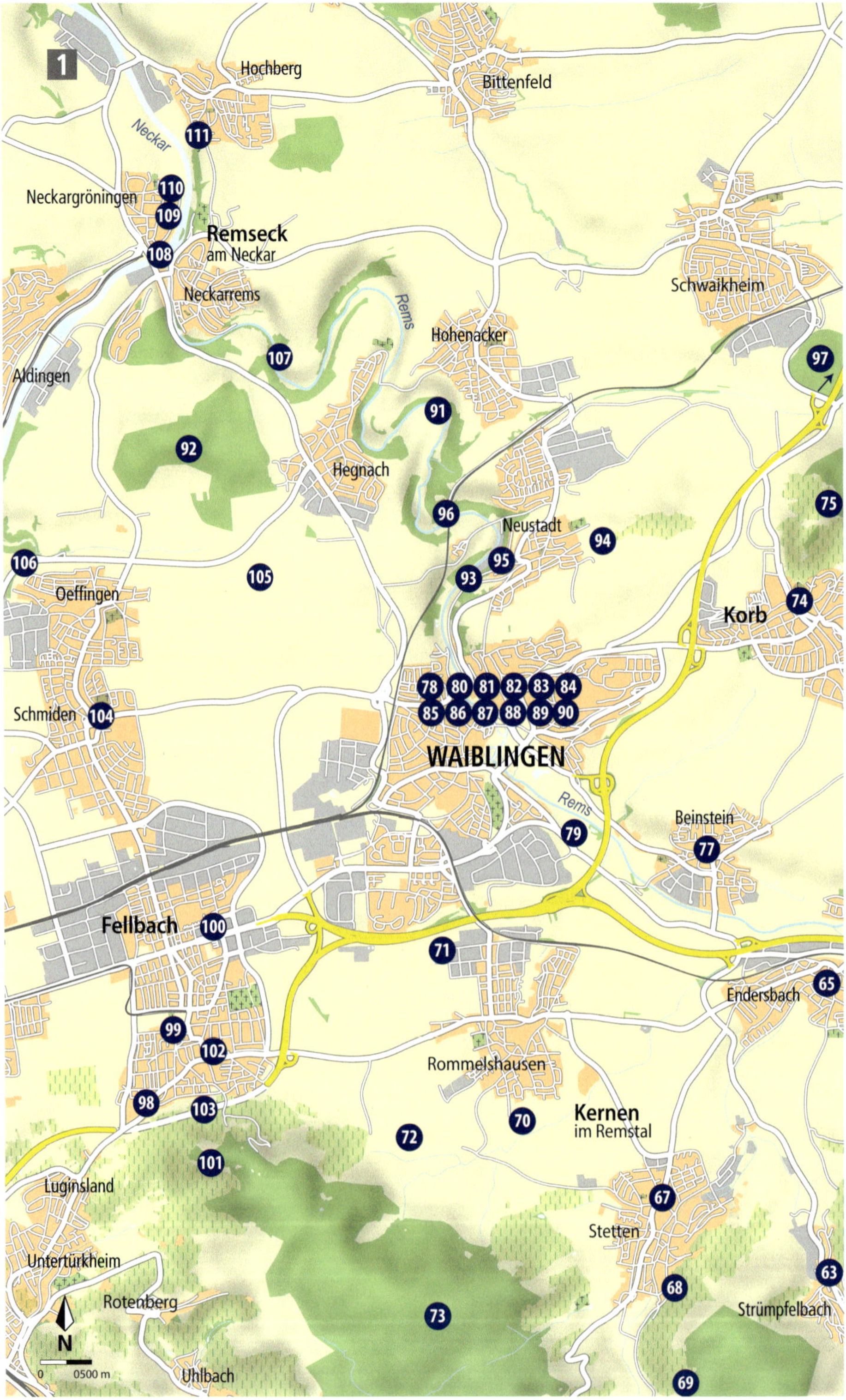

1
Hochberg
Bittenfeld
Neckar
111
Neckargröningen
110
109
Remseck
am Neckar
108
Neckarrems
Schwaikheim
Rems
Hohenacker
107
Aldingen
97
91
92
Hegnach
96
75
Neustadt
94
106
105
95
93
Oeffingen
74
Korb
78
80
81
82
83
84
Schmiden
104
85
86
87
88
89
90
WAIBLINGEN
Rems
Beinstein
79
77
Fellbach
100
71
65
Endersbach
99
102
Rommelshausen
98
103
Kernen
im Remstal
70
72
101
Luginsland
67
Stetten
Untertürkheim
63
68
Rotenberg
Strümpfelbach
73
N
0
0500 m
Uhlbach
69

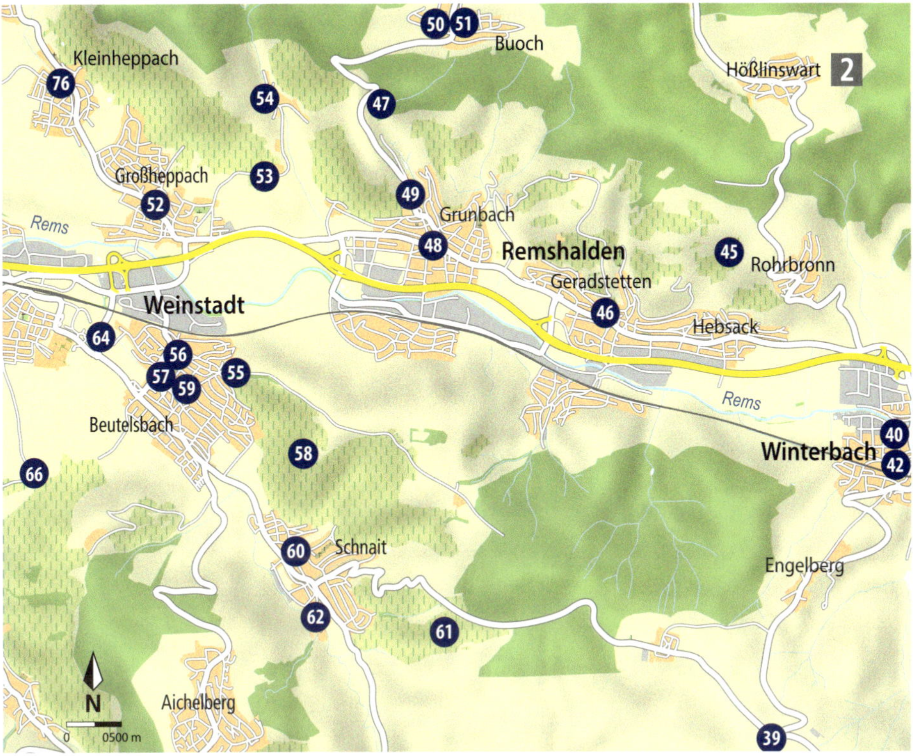
2
Kleinheppach
76
54
50
51
Buoch
47
Hößlinswart
Großheppach
53
52
49
Grunbach
Rems
48
Remshalden
45
Rohrbronn
Geradstetten
Weinstadt
46
Hebsack
64
56
55
57
59
Rems
Beutelsbach
40
58
Winterbach
42
66
60
Schnait
Engelberg
62
61
N
Aichelberg
0
0500 m
39

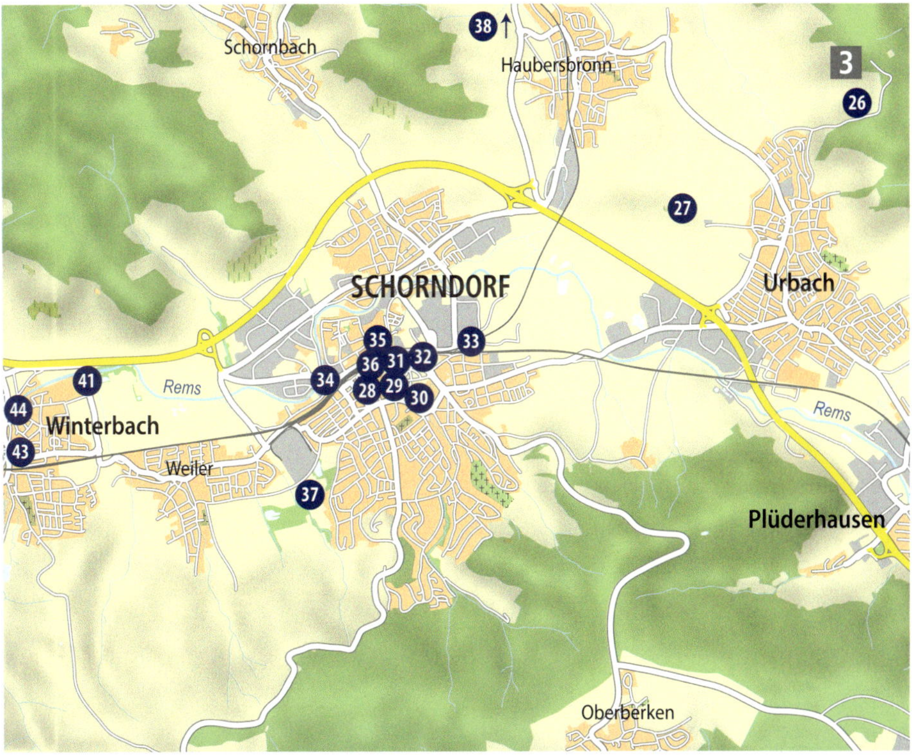
38
Schornbach
Haubersbronn
3
26
27
SCHORNDORF
Urbach
35
33
32
36
31
41
Rems
34
28
29
30
44
Winterbach
Rems
43
Weiler
37
Plüderhausen
Oberberken

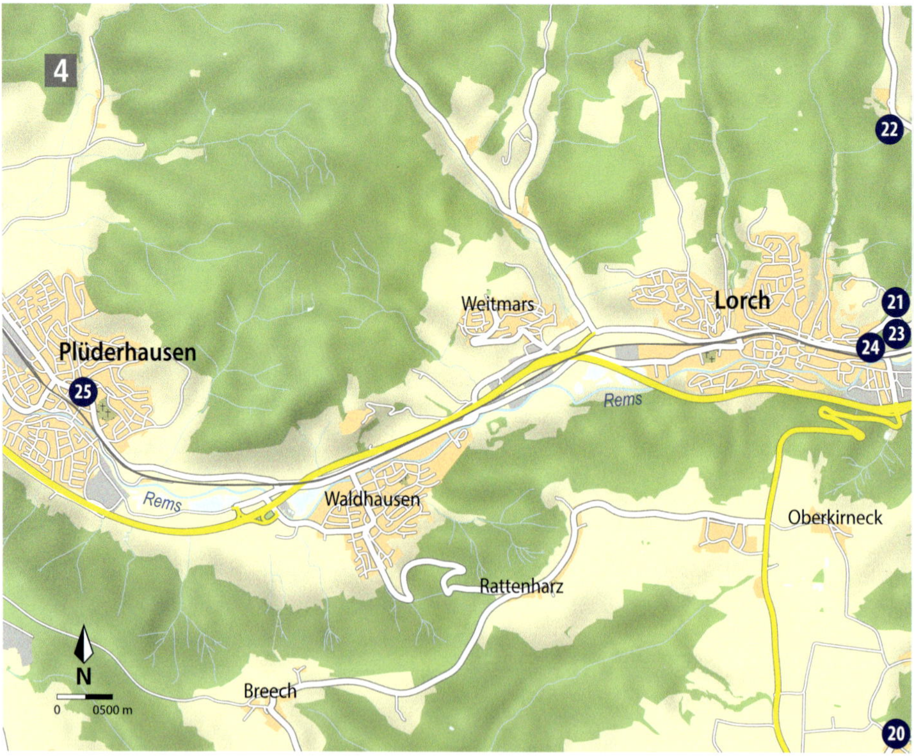
4
22
Weitmars
Lorch
21
23
24
Plüderhausen
25
Rems
Rems
Waldhausen
Oberkirneck
Rattenharz
N
Breech
0
0500 m
20

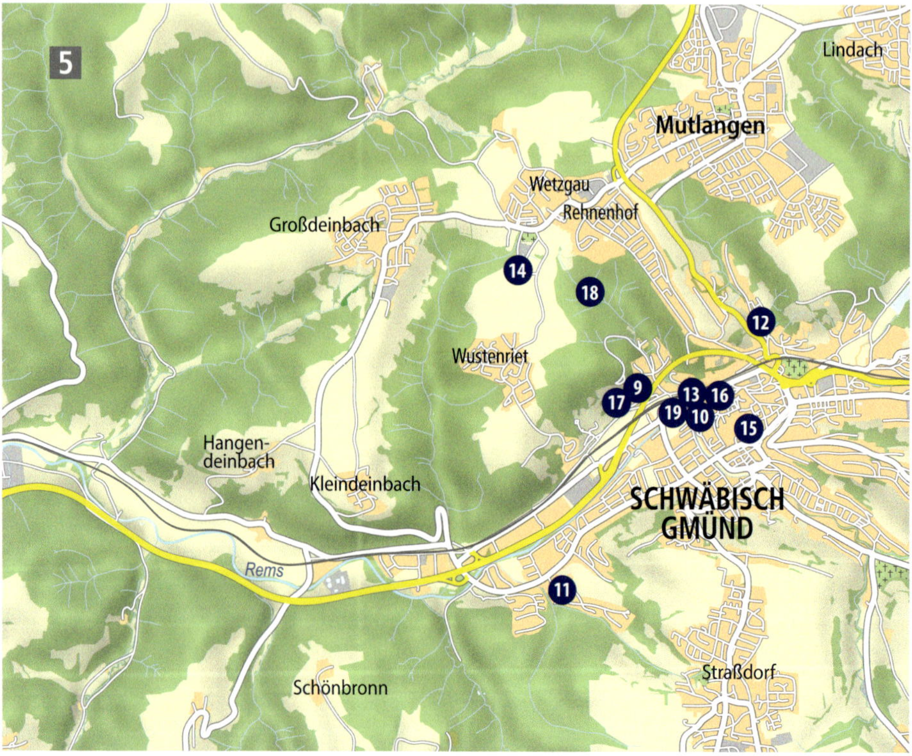
5
Lindach
Mutlangen
Wetzgau
Rehnenhof
Großdeinbach
14
18
12
Wustenriet
9
17
13
16
19
10
15
Hangen-
deinbach
Kleindeinbach
SCHWÄBISCH
GMÜND
Rems
11
Schönbronn
Straßdorf

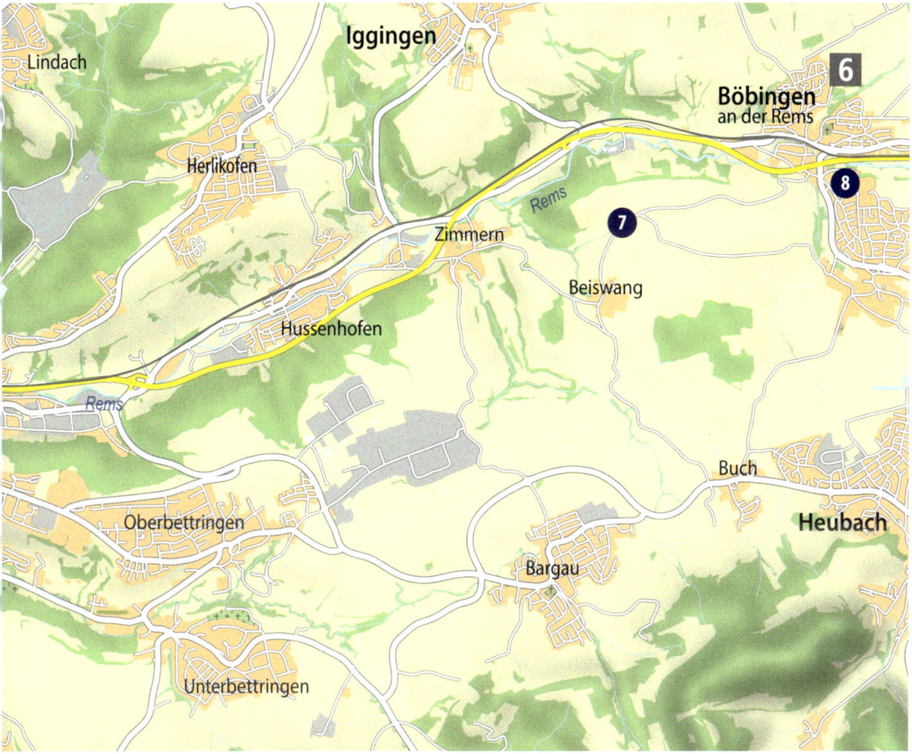
Iggingen
Lindach
6
Böbingen
an der Rems
Herlikofen
Rems
8
7
Zimmern
Beiswang
Hussenhofen
Rems
Buch
Heubach
Oberbettringen
Bargau
Unterbettringen

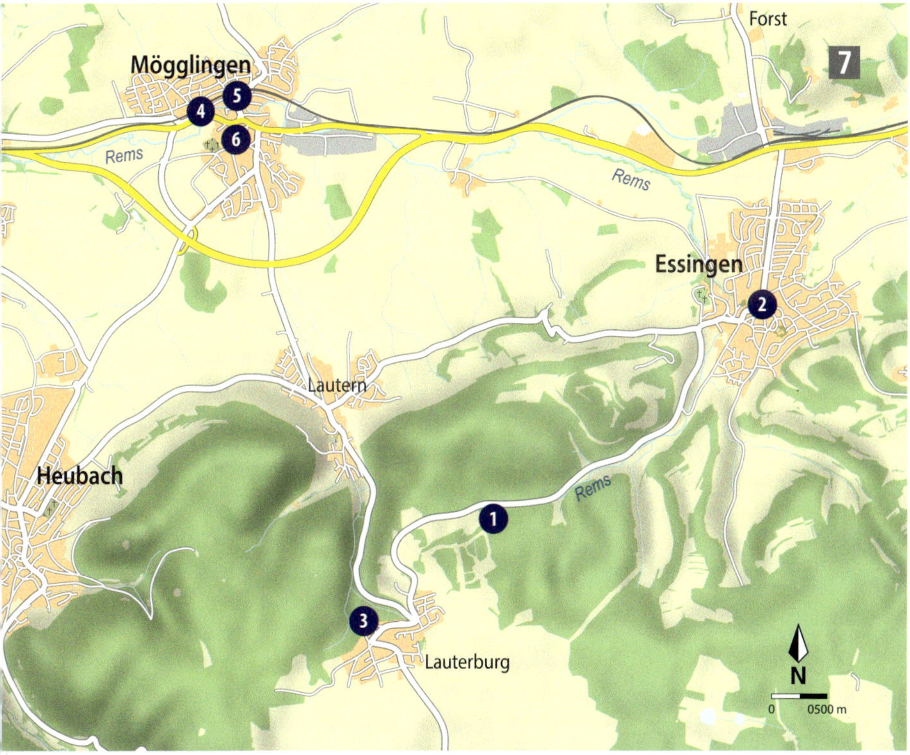
Forst
Mögglingen
7
5
4
6
Rems
Rems
Essingen
2
Lautern
Heubach
Rems
1
3
Lauterburg
N
0
0500 m

Dietlind Castor
111 Orte am Bodensee, die man gesehen haben muss
ISBN 978-3-95451-063-4

Barbara Riess
111 Schätze der Kultur im Schwarzwald, die man gesehen haben muss
ISBN 978-3-7408-0555-5

Cornelia Lohs
111 Orte in Mannheim, die man gesehen haben muss
ISBN 978-3-7408-0554-8

Erwin Ulmer
111 Orte am oberen und mittleren Neckar, die man gesehen haben muss
ISBN 978-3-7408-0364-3

Karin Blessing
111 Schätze der Natur im Schwarzwald, die man gesehen haben muss
ISBN 978-3-95451-701-5

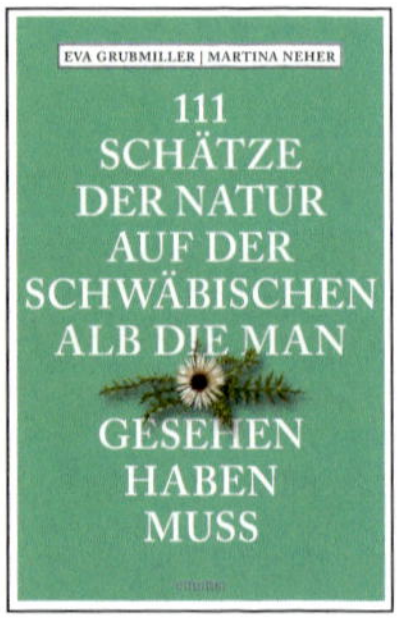

Eva Grubmiller, Martina Neher
111 Schätze der Natur auf der Schwäbischen Alb, die man gesehen haben muss
ISBN 978-3-7408-0248-6

HP Mayer
111 Orte in Heidelberg, die man gesehen haben muss
ISBN 978-3-7408-0246-2

Cornelia Ziegler, Alfred Hössl
111 Orte in und um Baden-Baden, die man gesehen haben muss
ISBN 978-3-7408-0134-2

Katharina Sommer
111 Orte in und um Tübingen, die man gesehen haben muss
ISBN 978-3-95451-852-4

Erwin Ulmer
111 Orte in Ulm, um Ulm und um Ulm herum, die man gesehen haben muss
ISBN 978-3-95451-856-2

Gabriele Kalmbach
111 Orte im Stuttgarter Umland, die man gesehen haben muss
ISBN 978-3-95451-855-5

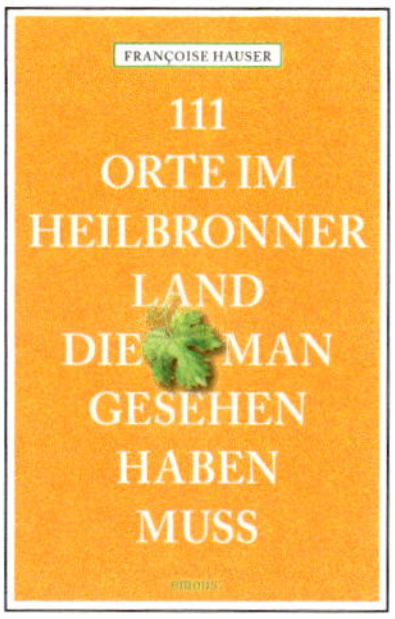

Françoise Hauser
111 Orte im Heilbronner Land, die man gesehen haben muss
ISBN 978-3-95451-842-5

Barbara Krull
111 Orte am Kaiserstuhl, die man gesehen haben muss
ISBN 978-3-95451-562-2

Kirsten Elsner-Schichor, Rainer Bodemer
111 Orte in Karlsruhe, die man gesehen haben muss
ISBN 978-3-95451-593-6

Erwin Ulmer
111 Orte an der oberen Donau, die man gesehen haben muss
ISBN 978-3-95451-494-6

Barbara Riess
111 Orte in Freiburg, die man gesehen haben muss
ISBN 978-3-95451-385-7

Gertrud Steiger, Joachim Steiger
111 Orte im Kraichgau, die man gesehen haben muss
ISBN 978-3-95451-232-4

Thomas Baumann
111 Orte in der Kurpfalz, die man gesehen haben muss
ISBN 978-3-89705-891-0

Ralf H. Dorweiler,
Daniela Bianca Gierok
111 Orte im Schwarzwald, die man gesehen haben muss
ISBN 978-3-89705-950-4

Gabriele Kalmbach
111 Orte in Stuttgart, die man gesehen haben muss
ISBN 978-3-95451-004-7

Barbara Goerlich
111 Orte auf der Schwäbischen Alb, die man gesehen haben muss
ISBN 978-3-89705-948-1

Gertrud Steiger, Joachim Steiger
111 Orte im Odenwald, Spessart und an der Bergstraße, die man gesehen haben muss
ISBN 978-3-89705-945-0

Cornelia Ziegler
111 Orte rund um München, die man gesehen haben muss
ISBN 978-3-7408-0437-4

Christine Hochreiter, Frank Klein
111 Orte in und um Passau, die man gesehen haben muss
ISBN 978-3-7408-0429-9

Bernd Schinner,
René Rabenbauer
111 Orte im Fichtelgebirge, die man gesehen haben muss
ISBN 978-3-7408-0405-3

Eva Krötz
111 Orte im Oberpfälzer Wald, die man gesehen haben muss
ISBN 978-3-7408-0331-5

Ottmar Neuburger,
Lisa Graf-Riemann
111 Orte vom Wilden Kaiser bis zum Dachstein, die man gesehen haben muss
ISBN 978-3-7408-0138-0